Édition : BoD · Books on Demand, 31 avenue Saint-Rémy, 57600 Forbach, bod@bod.fr
Impression : Libri Plureos GmbH, Friedensallee 273, 22763 Hamburg (Allemagne)

ISBN : 978-2- 3225-6129-2
Dépôt légal : Janvier 2025

Du même Auteur :

- La formation des aviateurs de la Royal Air Force et du Commonwealth 1934 - 1945. Histoire, programmes et matériels. ISBN 978-2322541973.

- Chasseurs de nuit et *Intruders* de la Royal Air Force contre la Luftwaffe : La première guerre électronique aérienne, 1939 - 1945. ISBN 978-2322540396.

- Notes à l'intention des Pilotes pour différents appareils de la Royal Air Force (voir liste en fin d'ouvrage).

<u>Dessin de couverture</u> : Le document original n'avait pas de dessin sur la couverture à part le blason du Reserve Command. Cette silhouette provient de l'Air Publication 1480A "*Recognition handbook of British aircraft*", Part 1, section E.

Table des matières

AVERTISSEMENT

Ces Notes à l'intention des Pilotes ont bien évidement été traduites uniquement pour leur intérêt historique et ne doivent en aucun cas être employées pour le vol sur de vrais avions (pour les rares lecteurs qui ont la chance de posséder un Halifax, un Hamilcar ou autres Spitfire dans leur jardin !). Ces manuels étaient constamment tenus à jour et il a fallu choisir de traduire une version particulière qui n'est quasiment jamais la publication la plus récente. La version traduite est donc une sorte de "photographie" dans le temps. Souvent, le choix de la version a été imposé par le peu de documentation ayant survécu ou par l'histoire particulière d'un avion. Par contre, l'usage de ces manuels avec des simulateurs de vol peut permettre de vérifier le réalisme des logiciels et apporter une nouvelle dimension à cette activité, par exemple en suivant strictement les procédures recommandées.

CONVENTIONS DE TRADUCTION

Les fac-similés de cette série sont identiques autant que possible aux originaux britanniques (ou français pour les très rares cas de manuels de la RAF traduits pendant la guerre). Ainsi, bien que les documents traduits aient été déclassifiés dans les années postérieures à la guerre, les mentions "SECRET" ou "À USAGE OFFICIEL" ont été indiquées comme elles l'étaient durant la guerre. Les Notes à l'intention des Pilotes étaient généralement accessibles "aux utilisateurs officiels" (couverture orange avant septembre 1942, plus tard bleue), mais certains volumes relatifs à des équipements spéciaux étaient estampillés "confidentiel" (couverture verte) ou "secret" (couverture cerise), par exemple ceux pour les Opérateurs radar.

Lorsque des entorses ont été faites à cette règle de respect du style des documents originaux, par exemple quand il a fallu chercher des informations manquantes dans des manuels civils ou américains, ceci a été indiqué dans les notes de bas de page, avec les références des documents consultés. La reliure par agrafes de l'époque a été également modernisée pour des raisons de facilité d'impression.

Avant septembre 1942, les pages des Notes à l'intention des Pilotes n'étaient pas numérotées afin de faciliter les mises à jour de paragraphes par simple collage de la nouvelle version. La numérotation des pages a été ajoutée lors de la traduction.

De courtes notes ont été insérées en bas de page durant la traduction, lorsqu'il a été jugé que plus d'explications pouvaient être bénéfiques. Pour certains avions multiplaces, la Section 3 *"Équipements et commandes aux postes des membres d'équipages autres que le Pilote"* a parfois été incorporée lors de la traduction, bien qu'elle ne faisait pas partie des Notes à l'intention des Pilotes.

Les documents originaux étaient souvent tapés à la machine et reproduits sur du papier de qualité médiocre en raison des mesures d'économie de temps de guerre. Les illustrations peuvent donc parfois être de mauvaise qualité ou difficiles à lire.

Les unités employées sont indiquées telles que dans le document original et converties en système métrique entre parenthèses ou en italique lorsque nécessaire. Les appareils de l'Aéronavale britannique (Fleet Air Arm - FAA) ou du Coastal Command avaient des Badins calibrés en nœuds (abrégés "kts") pour faciliter leur travail quotidien avec des cartes marines et avec la Royal Navy. La RAF a mesuré les vitesses en milles terrestres par heure (abrégés "m.p.h.") jusqu'en 1946, date à laquelle les nœuds ont été adoptés. Les vitesses ont été converties en kilomètres par heure lors de la traduction. L'unité de puissance anglo-saxonne "horsepower (hp)" a été traduite par "ch" et la valeur a été laissée telle que présentée à l'origine, la différence entre un "hp" et un "ch" étant de l'ordre de 1%.

Les termes anglais simples tels que "ON", "OFF", "PRESSURE", "WHEELS DOWN" ont été conservés car ils correspondent aux inscriptions des instruments et commandes. De même, les ordres simples ont été laissés en anglais et traduits.

Le tableau ci-après comporte les principaux termes (en gras) qui ont été préférés. Ces choix ont été faits en se basant sur la terminologie des manuels de l'époque en français ou pour garder le contexte des manuels originaux.

Terme anglais	Terme français [1]
Air speed indicator	**Badin** (anémomètre).
Indicated Air Speed (IAS) ou Airspeed Indicator Reading	**Vitesse au badin**.
Boost	**Pression d'admission**.
Boost cut-out ou boost control override (pour obtenir la puissance de combat "override boost")	**Système d'arrêt de la régulation automatique de la pression d'admission**.
Clear (or direct) vision panel	Partie d'une fenêtre qui peut s'ouvrir au cas où le pare-brise est obscurci. Traduit par "**fenêtre de vision claire (ou directe)**".
Cockpit	**Poste de pilotage** (ou habitacle).
Cowling gills	**Volets de capot moteur** ou **volets de refroidissement**.
Flaps	**Volets hypersustentateurs**.
Flettner (ou Balance Tab)	Servotab (élément de la gouverne qui se déplace dans le sens opposé de la gouverne et dont le mouvement force celui de la gouverne).
Full Throttle Height (ou rated altitude, ou critical altitude)	Traduit dans les documents en français de l'époque par "**Altitude de rétablissement**", [2] ou plus littéralement "**altitude pleins-gaz**".
Generator	**Générateur**. Les traductions de l'époque préfèrent le terme "génératrice".
Ignition switches	**Commutateurs** (ou contacts) **de l'allumage**.
Nose heavy	**Tendance à piquer** ou **couple piqueur**.
Paddle blade	**Pale (d'hélice) large** ("*pale pagaie*").
lb/sq.in (pounds per square inch) aussi abrégée "**psi**"	Unité de pression : livres par pouce carré.
Port	Bâbord (remplacé par "**gauche**").
Priming	**Amorçage**. Les traductions de l'époque préfèrent le terme "d'injection".

---

[1] Pour les autres termes, voir le "*Dictionnaire technique anglais-français de l'Aviation*" de A. Boitard, publié par la Librairie Aéronautique, 2ème édition de 1948.

[2] Attention, le contexte est différent de celui du vocabulaire normalisé de l'Organisation de l'Aviation Civile Internationale.

Terme anglais (suite)	Terme français
Rated boost (ou maximum climbing boost)	**Pression d'admission nominale** (c.à.d. maximale régulée continue).
Rectified Air Speed (RAS) de la RAF. Équivalent à la Calibrated Air Speed (CAS) de l'USAAF.	**Vitesse anémométrique rectifiée**. Il s'agit de l'IAS corrigée des erreurs de position et d'instrument. Aujourd'hui, le terme C.A.S. "Corrected Air Speed" est employé.
Revision list (ou Amendment list)	**Liste de révisions** ou **liste de mises à jour** permettant de tenir les publications de la RAF à jour. Les marques de révision dans la marge n'ont pas été reproduites pour alléger le texte.
Starboard	Tribord (remplacé par **"droite"**).
(Trim) Tab	**Compensateur** ou surface de compensation.
Tail heavy	**Tendance à cabrer** ou **couple cabreur**
(Oil) tank	**Réservoir d'huile** (on parle aussi de "bâche à huile")
Trim	**Compensation d'équilibrage**. Trim et tab (parfois employés en français) : se réfèrent au système qui permet de régler l'assiette de l'avion.
True Air Speed (TAS)	**Vitesse vraie** (de l'avion par rapport à l'air).
Wireless	**Radio,** ou TSF (Transmission Sans Fil).
Zero boost	**Pression d'admission "nulle"** équivalente à la pression atmosphérique, mais le manomètre de pression d'admission indique "0" puisque les Britanniques la mesurent en livres RELATIVES par pouce carré (après avoir soustrait la pression atmosphérique au niveau de la mer). *

* Les Américains mesuraient la pression d'admission du moteur en pouces de mercure ABSOLUS (y compris la pression atmosphérique au niveau de la mer). Les conventions du document d'origine ont été respectées lors de la conversion en bar (le bar a été choisi plutôt que le pièze qui était l'unité utilisée sur certains instruments français de l'époque).

Nous espérons que les lecteurs prendront autant de plaisir à consulter ces manuels que nous avons eu à les traduire. Ce travail de traduction a demandé plusieurs années de recherche et de collecte, des centaines de conversions d'unités pour faciliter la lecture, et des choix difficiles de terminologie (par exemple, le mot "valve" en anglais se traduit aussi bien par "tube électronique sous vide", "robinet", "vanne", "soupape" ou "clapet" en fonction du contexte) : les lecteurs attentifs trouveront certainement des erreurs ou des maladresses de formulation. Merci par avance pour votre indulgence et toute suggestion constructive sera appréciée !

Abréviations principales

AP : Air Publication (Publication *[du Ministère]* de l'Air britannique).
PN : Pilot's Notes (Notes à l'intention des Pilotes).   RAF : Royal Air Force.
RCP : Publication du Reserve Command de la RAF (puis "Home Command").
TNA : The National Archives (UK) : Archives Nationales du Royaume-Uni.

COMPLÉMENTS SUR LE TIGER MOTH

Puisque la politique officielle de la RAF était que les avions d'écolage élémentaire ne bénéficiaient pas de Notes à l'intention des Pilotes, [3] il a été difficile de dénicher des manuels pour ce type d'avion. Heureusement, en juillet 1950, le Reserve Command de la Royal Air Force (plus tard rebaptisé Home Command) a rédigé des Notes à l'intention des Pilotes pour le Tiger Moth.

Le présent fac-similé a été mis au format standard des Notes à l'intention des Pilotes de la RAF à partir de ce document du Reserve Command. Les éléments manquants (Note pour les Utilisateurs, table des matières, illustrations (couverture, frontispice et cinquième Partie) et l'Annexe) ont donc été ajoutés lors de la traduction.

Le Tiger Moth se pilote facilement, mais étant très léger, il est sensible au vent. Stuart McKay présente de façon humoristique une échelle de l'expérience à avoir en fonction de la vigueur d'Éole : [4]

" 0 à 5 nœuds :   *Convenable pour tous, surtout si le vent est aligné avec la piste. ...*

15 à 20 nœuds :   *Commencez à faire attention. ... Manœuvrez uniquement face au vent et faites-vous aider pour rouler au sol. ...*

25 à 30 nœuds :   *Situation ne convenant qu'aux as, aux idiots ou aux cas d'urgence. Rentrez l'avion dans le hangar, il ne devrait pas être dehors de toute façon.*

30 nœuds et plus :   *Prévoyez de demander un devis pour les réparations d'importants dégâts."*

Faute de freins, le roulage au sol se fait uniquement au moteur et avec la gouverne de direction, ce qui est un très bon apprentissage pour les élèves.

---

[3] Article *"What are Pilot's Notes"*, pages 260-261 du journal mensuel de formation de la RAF *"Tee Emm"* Volume 4, n°11 de février 1945.
[4] Page 106 de son livre (voir bibliographie).

NOTES POUR LES PILOTES DE TIGER MOTH T. MK 2

Moteur Gipsy Major

RÉVISIONS

À mesure des besoins, des listes de révisions seront publiées.

Ces listes seront enduites de colle pour que l'on puisse les fixer à l'intérieur de la couverture du livre.

Chaque liste de révisions comprendra toutes les mises à jour récentes et, si nécessaire, des feuillets à coller aux endroits voulus dans le texte.

On devra certifier l'insertion d'une liste de révisions en inscrivant ci-dessous la date de l'entrée et les initiales de la personne ayant effectué cette mise à jour.

LISTE N°	INITIALES	DATE
1	Incorporées dans cette réimpression	Octobre 1950
2		Juillet 1951

NOTES POUR LES UTILISATEURS

Cette publication se divise en cinq parties : Description, Pilotage, Caractéristiques, Situations d'Urgence et Illustrations.

La première partie ne donne qu'une brève description des commandes avec lesquelles le pilote devra se familiariser.

Ces notes complètent la Publication "A.P.2095 - Notes générales pour les Pilotes" et supposent une parfaite connaissance de son contenu. Tous les pilotes devraient être en possession d'un exemplaire de la Publication A.P. 2095 (voir A.M.O. A93/43). [5]

Les mots en lettres capitales indiquent les marquages tels qu'ils existent sur les commandes correspondantes.

Des exemplaires supplémentaires peuvent être obtenus à l'A.P.F.S. *[Air Publications and Forms Store]*, Fulham Road, S.W.3, en portant sur le formulaire R.A.F. 294A, en double, le numéro de cette publication en toutes lettres :   R.C.P. n°81 - P.N.

Les commentaires et les suggestions devront être transmis par la voie hiérarchique au Ministère de l'Air. (D.T.F.).

---

[5] Ordre du Ministère de l'Air, catégorie "Administrative". Le Ministère avait une production prolifique d'ordres de ce type : 476 en 1938, et 1.205 en 1945 !

TIGER MOTH II [6]

---

[6] Le document original ne comportait pas de frontispice. Photo du traducteur (Duxford 2013). Le DF112 est un DH-82A Tiger Moth II construit en 1942.

TIGER MOTH II (DH.82A)
NOTES POUR LES PILOTES

TABLE DES MATIÈRES

Check-List pour les pilotes

Ière PARTIE - DESCRIPTION

---

[7] On peut s'étonner que le numéro 1449 de Publication de l'Air qui était réservé au Tiger Moth n'ait pas été utilisé. Le Reserve Command a été rebaptisé "Home Command" en août 1950.

<u>TIGER MOTH</u>
<u>Check-List pour les pilotes</u>

<u>Vérifications extérieures</u> (N.B. : commencez au point d'entrée sur le côté gauche)

<u>Item</u>		<u>Vérifiez</u>
1) Interrupteurs des magnétos	....	OFF (ouvert).
2) Ailes gauches	....	État des surfaces supérieures.
3) Aileron de gauche	....	État et mouvement.
4) Feu de navigation de gauche	....	État.
5) Saumon d'aile (aile basse)	....	État.
6) Ailes gauches	....	État des surfaces inférieures. État des bords d'attaque. État des haubans des ailes et du train d'atterrissage (tension).
7) Train d'atterrissage de gauche	....	Arrimage du carénage. Absence d'entailles et de décalage [8] du pneumatique, gonflage correct. Vérifier la position.
7a) Train d'atterrissage	....	Assurez-vous que le boulon de fixation qui sécurise la jonction des deux jambes du train d'atterrissage est bien bloqué.
8) Moteur	....	Bouchon de remplissage d'huile bien fermé. Arrimage du capot. Absence de fuite d'huile. État et bonne fixation de l'hélice et de sa casserole. État et bonne fixation du conduit d'échappement.
9) Sol en face de l'hélice	....	Adéquat pour le lancement manuel de l'hélice.
10) Train d'atterrissage de droite	....	Arrimage du carénage. Absence d'entailles et de décalage du pneumatique, gonflage correct. Vérifier la position.
11) Ailes de droite	....	État des surfaces inférieures. État des bords d'attaque. État des haubans des ailes et du train d'atterrissage (tension)

---

[8] Un repère blanc était peint sur les pneumatiques de la RAF ainsi que sur la jante : les deux devaient rester parfaitement alignés pour garantir que la chambre à air et la valve de gonflage n'étaient pas endommagées.

		Enlevez la couverture de protection de la sonde Pitot.
12) Saumon d'aile (aile basse)	....	État.
13) Feu de navigation droit	....	État.

Item		Vérifiez
14) Aileron droit	....	État et mouvement.
15) Ailes de droite	....	État des surfaces supérieures.
16) Fuselage droit	....	État.
17) Câbles des commandes de droite	....	État et tension.
18) Casier	....	Fermeture et contenu.
19) Capote d'entraînement au pilotage aux instruments	....	État et arrimage des éléments de fixation.
20) Stabilisateur droit et gouverne de profondeur	....	État des surfaces supérieures et inférieures. État du bord d'attaque
21) Dérive et gouverne de direction	....	État des surfaces. État de bord d'attaque.
22) Patin de queue et ressort	....	État.
23) Stabilisateur gauche et gouverne de profondeur	....	État des surfaces supérieures et inférieures. État du bord d'attaque.
24) Câbles des commandes de gauche	....	État et tension.
25) Fuselage gauche	....	État.
26)	....	Trousse de premiers soins.
26a) Réservoir de carburant	....	Bouchon de remplissage fermé.

(N.-B. Si l'avion doit être piloté en solo,
effectuez les contrôles suivants dans le poste de pilotage avant).

Item		Vérifiez
27) Poste de pilotage avant	....	Aucun équipement non arrimé.
28) Harnais de sécurité	....	Arrimé correctement.
29) Molette de serrage de la manette des gaz	....	Desserrée.
30) Interrupteurs d'allumage	....	Les deux ON (fermés).
31) Portes	....	Fermées et verrouillées.

<u>Vérifications à faire dans le poste de pilotage</u>

Item		Vérifiez
32) Blocages des commandes	....	Retirés et stockés.
33) Robinet d'essence	....	ON (ouvert).
34) Carburant	....	Quantité.
35) Compensation d'équilibrage de profondeur	....	Mouvement libre et sur tout le débattement. Mettre complètement vers l'arrière.
36) Commande du mélange	....	Riche.
37) Manette des gaz	....	Mouvement libre. Fermée. Ajustez la friction.
38) Altimètre	....	Réglage.
39) Compas	....	Déviation connue.
40) Becs de bord d'attaque	....	Mouvement libre du levier et placez-le en position verrouillée.
41) Commandes de vol	....	Mouvement libre et sur tout le débattement.
42) Extincteur	....	Arrimé.
43) Intercom (si vol à deux)	....	ON (en marche).

<u>Démarrez et chauffez le moteur</u>

<u>Exercez et testez le moteur</u>

Voir la partie 2 - paragraphe 8.

Item		Vérifiez
44) Cales	....	Enlevées.
45) Indicateur de virages	....	Faire pivoter l'avion pour vérifier le fonctionnement.
46) **T - Trim** [9] **- Compensation d'équilibrage**	....	1/2 à 2/3 vers l'avant.
47) Molette de serrage de la manette des gaz	....	Serrée.
48) **M - Mélange**	....	Riche.

---

[9] Les points essentiels des check-lists étaient présentés sous la forme de raccourcis mnémotechniques que les pilotes devaient apprendre par cœur et qui variaient peu d'un avion à l'autre : par exemple pour le Dakota I, III ou IV : TMPFF ; pour le Halifax II ou V : TPFF. On notera qu'ici le F de "Flaps" (volets hypersustentateurs - point n°50) est utilisé pour couvrir les becs de bords d'attaque, en l'absence de volets sur le Tiger Moth. On trouvera en Annexe une séquence différente, enseignée en 1942.

Item		Vérifiez

49) **F** – Fuel - Carburant	....	Robinet ouvert et quantité suffisante pour le vol.
50) **F – Becs de bord d'attaque**	....	Libres.
51) Pression d'huile	....	Normale.
52) **H - Harnais**	....	Attaché.
53) Trappes (portes)	....	Fermées.
53) [10] **F – Becs de bord d'attaque**	....	Levier vers l'avant – LIBRES.

Vérifications avant l'atterrissage

Item		Vérifiez
54) Harnais	....	Serré.
55) Mélange	....	Riche.
56) Carburant	....	Quantité.
57) Becs de bord d'attaque	....	LIBRES.

Après l'atterrissage

Item		Vérifiez
58) Compensation d'équilibrage de profondeur	....	Complètement en arrière.
59) Molette de serrage de la manette des gaz	....	Desserrée.
60) Becs de bord d'attaque	....	Becs verrouillés.

En arrivant à l'aire de stationnement

Laissez tourner le moteur
jusqu'à l'arrêt puis vérifiez :

Item		Vérifiez
61) Interrupteurs d'allumage	....	Tous ouverts (OFF).
62) Carburant	....	Robinet fermé.
63) Cales	....	En position.

---

[10] *Sic.* Il y a deux fois le point 53 dans le document original.

TIGER MOTH DH.82A MARK 2
Ière PARTIE – DESCRIPTION

1) **Introduction**

(a)   Le Tiger Moth a été conçu comme un avion de formation Élémentaire. C'est un biplan avec un train d'atterrissage fixe, un patin de queue et des postes de pilotage ouverts avec doubles commandes.
Le fuselage est de construction tubulaire et est entoilé. Les ailes, les plans horizontaux de l'empennage et la gouverne de direction sont construits en bois avec des barres stabilisatrices en métal et sont entoilés.

(b)   L'avion est propulsé par un moteur Gipsy Major de 120 ch.[11] qui entraîne une hélice en bois à pas fixe.

(c)   Quand il est utilisé pour un vol solo, le Pilote doit occuper le siège arrière.

2) **Circuits d'essence et d'huile**

(a)   Réservoir d'essence :
L'essence est emportée dans un réservoir métallique de 19 gallons *(72 litres)* monté sur la partie centrale de l'aile supérieure. Ce réservoir est raccordé à l'atmosphère par un évent. L'essence est envoyée au carburateur par gravité via un filtre.

(b)   Jauge d'essence :
Une jauge est montée sur la partie supérieure du réservoir et indique le niveau de carburant au moyen d'une tige attachée à un flotteur. Aucune échelle n'est marquée sur la jauge : la tige s'élève simplement dans un cylindre de verre.

(c)   Robinets d'essence :
Un robinet de carburant (16) [12] est monté sur le côté gauche vers l'avant de chaque poste de pilotage et la marque "ON" (ouvert) est visible lorsque qu'il est poussé vers l'avant ; et "OFF" (fermé) lorsque qu'il est tiré vers l'arrière.

(d)   Circuit d'huile :
Un réservoir de 2,5 gallons *(9,5 litres)* est monté sur le côté gauche du fuselage et est directement refroidi par le passage de l'air (la capacité

---

[11]   Le moteur Gipsy Major des Tiger Moth Mk II était normalement capable de délivrer 120 ch à 2.100 tr/min ("rated power") ou 130 ch à la vitesse maximale de 2.350 tr/min ("maximum power"), du moins pour un moteur neuf n'ayant pas été trop maltraité par les élèves. Source A.P. 1449 B Volume I, Leading Particulars.

[12]   Les références entre parenthèses ont été ajoutées pour correspondre aux illustrations de la figure 1, comme cela était la pratique dans les Notes à l'intention des Pilotes de la RAF.

normale est de 2,1 gallons *(7,9 litres)* d'huile, le reste du volume du réservoir étant l'espace d'air). Un manomètre de pression d'huile est monté dans chacun des deux postes de pilotage.

(e) <u>Système d'intercommunication</u> : [13]
Un système d'intercommunication électrique est installé dans chaque poste de pilotage. Le boitier est monté sous l'arrière du tableau de bord du poste de pilotage avant et est alimenté par une batterie 2 volts et une batterie 120 volts. Des prises standards pour les ensembles microphone-écouteurs sont montées sur le côté droit de chaque poste de pilotage.

3) **<u>Principaux systèmes</u>**
<u>Système de vide</u>
L'indicateur de taux de virage (4) fonctionne grâce à une dépression qui est créée par l'aspiration d'un tube venturi monté sur le côté du fuselage devant le poste de pilotage avant. Il n'y a pas de manomètre pour mesurer cette dépression.

4) **Commandes de l'avion**
(a) <u>Commandes de vol</u> :
Le manche à balai du poste de pilotage avant est amovible en détachant la goupille de sécurité et en retirant la goupille de verrouillage. Les deux palonniers sont réglables sur trois positions ; ils peuvent être ajustés uniquement au sol.

(b) <u>Blocage des commandes de vol</u> : [14]
Une barre de verrouillage (13) est fournie qui, une fois placée en travers de l'un des deux postes de pilotage, bloque le manche à balai (11) en position centrale. Il n'y a pas de mécanisme de blocage pour la gouverne de direction.

(c) <u>Commande des becs de bord d'attaque</u> :
Des becs automatiques sont montés sur les bords d'attaque de la partie extérieure des deux ailes supérieures. Ces becs de bord d'attaque peuvent être maintenus fermés au moyen d'un levier (14) situé sur le côté droit du poste de pilotage arrière. Ce levier a un dispositif de maintien à ressort qui conserve le levier soit sur la position de déverrouillage (en avant) ou sur la position de verrouillage (en arrière). Pour actionner le levier, il doit être tiré vers l'intérieur de l'habitacle avant de pouvoir bouger en arrière ou en avant. Il n'y a pas de levier dans le poste de pilotage avant.

---

[13] Il est curieux de trouver cet équipement dans la section consacrée aux circuits d'huile et d'essence (même si l'intercom des versions précédentes du Tiger Moth était composé de tubes acoustiques et ressemblait donc à des canalisations !).

[14] Les gouvernes sont bloquées au sol pour éviter que le vent ne les fasse bouger de façon anarchique.

(d) Compensation d'équilibrage :
   1) *Gouvernes de profondeur* : Il n'y a pas de surface de compensation mais un système de mise en tension par ressort est installé. Cela aide à garder le manche à balai dans n'importe quelle position nécessaire. Ce système est réglé à l'aide d'un levier (17) qui est déplacé vers l'avant pour une tendance à piquer et en arrière pour une tendance à cabrer. Le dispositif de maintien en position de ce levier est similaire à celui du levier des becs de bord d'attaque. Il est situé sur le côté gauche de chaque poste de pilotage.
   Le levier se déplace dans un quart de cercle et peut être bloqué sur n'importe quelle des trente positions disponibles.
   2) *Gouverne de direction* : Le dispositif de tension par ressort de la gouverne de direction n'est pas réglable en vol et est normalement réglé pour équilibrer correctement cette gouverne pour les conditions normales d'un vol en régime de croisière. Une vis de réglage se trouve sur le plancher du poste de pilotage arrière, légèrement à la droite du siège du Pilote.

5) **Commandes moteur**

(a) Manette des gaz et commande de mélange :
   1) Une manette des gaz (19) est montée sur un "bloc manettes" en quart de cercle du côté gauche de chaque poste de pilotage. Lorsqu'une commande de mélange est installée, elle doit être laissée sur la position "plein riche".

   2) Une molette de serrage (18) est montée sur le bloc manettes : elle sert à la fois pour la manette des gaz et la manette de mélange (lorsque celle-ci est installée).

(b) Interrupteurs d'allumage :
   Les interrupteurs d'allumage (24) sont montés à l'extérieur du fuselage gauche en partie haute en avant de chaque poste de pilotage. Les deux ensembles d'interrupteurs doivent être en position haute (fermés = ON) avant que le moteur ne tourne. Le moteur peut, par conséquent, être arrêté en actionnant les interrupteurs à partir de l'un ou l'autre des postes de pilotage. L'interrupteur avant de chaque paire alimente la magnéto droite, qui inclut un démarreur à impulsion. [15] Quand le moteur est mis en rotation par lancement de l'hélice, seule cette magnéto doit être mise en marche (ON). La magnéto gauche ne doit pas être alimentée jusqu'à ce que le moteur démarre.

---

[15] Cette magnéto dispose d'un mécanisme à ressort qui retarde le rotor de telle sorte que lorsqu'il est libéré, il y a une étincelle retardée plus puissante qui aide à assurer l'allumage.

6) **Équipement général**

(a) <u>Sièges [16] et harnais</u> :

Les sièges ne sont pas réglables et un harnais de type "SUTTON" [17] est installé dans chaque poste de pilotage.

(b) <u>Éclairage</u> :

1) L'éclairage est assuré par une batterie de 12 volts montée, si nécessaire, sur le plancher du poste de pilotage avant.

2) *Feux de navigation* : Ils sont contrôlés par un interrupteur à bascule OFF/ON (9) en bas à droite du tableau de bord dans le poste de pilotage arrière.

3) *Lampe d'identification vers le bas* : Elle est contrôlée par un commutateur de type standard combiné avec un manipulateur morse (8). Le plus au fond des deux commutateurs [18] doit être déplacé vers l'avant (position "STEADY") pour une lumière continue ou mis sur la position "MORSE" pour permettre l'emploi du manipulateur morse. Ce boitier est monté sur le côté supérieur droit du poste de pilotage arrière.

4) *Éclairage du poste de pilotage* : Un éclairage (4) est installé dans chaque poste de pilotage. Chaque lampe peut être allumée et réglée par un interrupteur à rhéostat (7) monté sur le côté droit du tableau de bord.

(c) <u>Rangement des cartes</u> :

Une pochette de rangement (15) est placée devant le manche à balai dans le poste de pilotage arrière.

(d) <u>Casier à bagages</u> :

Un casier à bagages est placé derrière le siège du Pilote arrière et est accessible par une trappe sur le côté droit du fuselage.

---

[16] Les sièges des Tiger Moth de la RAF était du type "baquet pour parachute-siège", le parachute servant de coussin au pilote.

[17] Le harnais Sutton était standard sur tous les avions de la RAF de construction britannique. Il était composé de deux sangles d'épaules découplées en un double 'Y' et reliées à la fois à un point d'ancrage derrière le bas du siège et par un câble à un point d'amarrage plus en arrière dans le fuselage (ou à un tambour à ressort derrière le siège sur les avions multiplaces). La tension du câble était réglable pour donner plus ou moins de liberté au pilote. Les sangles d'épaule se connectaient à deux sangles ventrales.

[18] L'autre commutateur était prévu pour une lampe d'identification éclairant vers le haut sur les avions plus importants. Cette lampe n'était pas installée sur les Tiger Moth et le deuxième commutateur n'était donc pas connecté.

IIème PARTIE
INSTRUCTIONS DE PILOTAGE

7) <u>Utilisation du circuit d'essence</u>

Le robinet doit être ouvert (poussé vers l'avant) avant le démarrage, et laissé dans cette position en permanence quand le moteur tourne.

8) <u>Mise en route du moteur</u>

(a) Après avoir effectué les points de contrôle 1 à 43 de la Checklist des Pilotes confirmez ce qui suit :

Robinet carburant	OUVERT
Manette des gaz	Fermée
Commande du mélange	RICHE
Allumage :	
(Poste de pilotage avant)	ON
(Poste de pilotage arrière)	OFF

(b) Le dispositif de noyage du carburateur peut ensuite être enfoncé jusqu'à ce que l'essence commence à s'écouler de la canalisation de trop-plein en bas du moteur. Le moteur ne doit pas être démarré avant que le carburant n'ait cessé de s'écouler de cet évent.

(c) Si le moteur est froid, il peut être nécessaire de tourner l'hélice sur un ou deux tours pour amorcer les cylindres.

(d) Avancez la manette des gaz de ½ pouces *(1,25 cm)* à partir de la position de fermeture complète.

(e) Fermez (ON) l'interrupteur le plus vers l'avant et donnez l'ordre de lancer manuellement l'hélice de façon franche sur la phase de compression du moteur pour le démarrer.

(f) Lorsque le moteur tourne, fermez (ON) l'interrupteur de magnéto le plus vers l'arrière.

(g) En cas d'échec du démarrage, la cause la plus probable est un sur-amorçage (noyage). Si c'est le cas, l'hélice doit être tournée en arrière avec la manette des gaz ouverte en grand et les interrupteurs des magnétos ouverts (OFF).

(h) Si la pression d'huile ne monte pas presque immédiatement à au moins 30 lb./sq.in. [19] *(2 bars)*, le moteur doit être arrêté et la cause recherchée.

(i) <u>Laissez le moteur monter en température à 800 – 1.000 tr/min.</u>

---

[19] Unité de pression britannique : "livres par pouce carré", laissée ici sous l'abréviation anglaise comme dans les documents traduits à l'époque en français. La valeur convertie en bars a été ajoutée lors de la traduction.

9) **Manœuvre et essais du moteur**
(a) Laissez le moteur se réchauffer pendant au moins 4 minutes.
(b) Testez chaque magnéto pour vérifier l'absence de coupure de l'allumage à 800 - 1.000 tr/min. [20]
(c) Ouvrez la manette des gaz aux 3/4 et vérifiez que la pression d'huile ne dépasse pas 45 lb./sq.in. *(3,1 bars)*.
(d) Ouvrez la manette des gaz complètement et vérifiez que la vitesse de rotation du moteur ne soit pas inférieure à 1.825 tr/min.
(e) Réduisez à 1.600 tr/min. et testez chaque magnéto. Si la chute de régime est supérieure à 100 tr/min ou s'il y a des vibrations excessives, le vol ne doit pas être effectué.
(f) Fermez la manette des gaz complètement et vérifiez le fonctionnement au ralenti.

10) **Roulage au sol**
(a) Avant le roulage au sol vérifiez le point 44 de la checklist des Pilotes.
(b) Un contrôle suffisant est obtenu avec la gouverne de direction à une allure rapide pour permettre de manœuvrer normalement sur une surface engazonnée avec des vents pouvant atteindre 18 à 20 nœuds *(33 à 37 km/h)*, mais une assistance manuelle en bout d'aile est habituellement nécessaire au-dessus de ces vitesses de vent ou sur des surfaces dures.

11) **Décollage**
(a) Effectuez les points de contrôle 46 à 53 de la checklist des Pilotes.
(b) Alignez l'avion avec soin sur l'axe de décollage et ouvrez complètement la manette des gaz.
(c) Gardez l'alignement en utilisant le palonnier, initialement de façon franche, puis plus douce à mesure que la vitesse augmente.
(d) L'avion décollera confortablement à 40 nœuds *(74 km/h)* et une montée régulière doit être réalisée jusqu'à 500 pieds *(150 m)*, hauteur à laquelle le moteur peut être ralenti en tirant la manette des gaz d'environ 1/2 pouce *(1,25 cm)*.

---

[20] Aujourd'hui appelé "essai coupure magnétos" (*"mag dead-cut check"*) dans les checklists, cet essai avant le vol a principalement pour but de vérifier que chaque magnéto fonctionne correctement et qu'en arrêter une ne conduit pas à l'arrêt du moteur car l'autre est en panne. Cet essai est différent de celui mené au point 9.e. (*"mag drop check"*) qui vérifie si chaque magnéto est capable de maintenir l'allumage à une puissance normale en vol en s'assurant que la diminution des tours/minute sur une seule magnéto est dans des limites acceptables préétablies.

12) **<u>Montée</u>**
(a) <u>La meilleure vitesse de montée est de 55 nœuds</u> *(102 km/h).*
(b) Une montée plein gaz ne doit être poursuivie pendant plus de 5 minutes. La puissance recommandée pour une <u>montée continue est de 2.000 tr/min</u>, ou les tours par minute obtenus avec la manette des gaz 1/2 pouce *(1,25 cm)* en arrière de la position "plein gaz", la plus faible de ces deux options devant être retenue.

13) **<u>Vol normal</u>**
(a) <u>Changement d'assiette</u> :
Il y a des changements légers de l'équilibrage directionnel en fonction des variations de vitesse et de puissance.
(b) <u>Stabilité :</u>
L'avion est stable autour des trois axes.
(c) <u>Commandes de vol :</u>
Les commandes sont sensibles et efficaces à toutes les vitesses possibles. Le palonnier est extrêmement efficace aux vitesses lentes. Les ailerons ont tendance à devenir progressivement plus lourds à manœuvrer au fur et à mesure que la vitesse augmente.
(d) <u>Vol à vitesse réduite</u> :
La <u>vitesse de croisière minimale de sécurité</u> recommandée est de <u>60 nœuds</u> *(111 km/h).*
(e) <u>Commande du mélange</u> :
Lorsqu'il est installé le levier de commande du mélange doit être maintenu sur la position riche.

14) **<u>Obtenir la distance franchissable maximale</u>**
(a) <u>La vitesse de rotation maximale du moteur en croisière est de 2.100 tr/min,</u> mais il est <u>recommandé de ne pas excéder 1.950 tr/min</u> en vol de croisière normal.
(b) <u>La vitesse recommandée est de 70-75 nœuds</u> *(130-139 km/h).*

15) **<u>Consommations de carburant et d'huile</u>**

(a)	Consommation de carburant	
	Régime normal de croisière 1.950 tr/min - 7 gallons *(31,8 litres)* / heure	
	Montée	2.100 tr/min - 9 gallons *(40,9 litres)* / heure

(b) <u>Consommation d'huile</u>
1 à 2 pintes *(0,57 à 1,15 litres)* par heure

16) **Perte de vitesse**

(a) Avec les deux sièges occupés et le moteur à l'arrêt, l'avion décrochera normalement à 39 nœuds *(72 km/h)*. Cette vitesse sera légèrement inférieure avec le moteur en route.

(b) L'ouverture des becs de bord d'attaque donne une indication de l'approche de la perte de vitesse. Dans tous les types de décrochage franc, il n'y a pas ou peu de tendance pour une aile de s'abaisser ; cependant ceci peut parfois survenir lors d'une perte de vitesse avec le moteur en route lorsque les becs de bord d'attaque sont verrouillés.

(c) Lors du décrochage le nez descend sensiblement mais la récupération est simple et facile.

(d) Le décrochage lors d'un virage en descente est indiqué par des vibrations légères mais seules des manœuvres extrêmement malhabiles peuvent faire basculer l'avion hors du virage.

17) **Vrille**

(a) Les becs de bord d'attaque doivent être verrouillés pour éviter tout dommage.

(b) La vrille doit être débutée en braquant à fond le palonnier lorsque la vitesse de décrochage est atteinte. Quand le lacet commence le manche à balai doit être tenu fermement en arrière et toute tendance du manche à partir sur la droite ou la gauche doit être corrigée par un maniement ferme.

(c) La récupération est simple et est réalisée de façon normale. [21] Si elle est appliquée de manière franche l'avion va normalement récupérer en ¾ de tour.

18) **Piqué**

Dans le piqué, la manette des gaz doit être ouverte d'au moins 1/3 et l'utilisation des tr/min maximum limitée à 20 secondes. Avec une plus grande ouverture de la manette des gaz, lorsque l'on approche de la vitesse maximale, il faudra réduire les gaz pour garder la vitesse de rotation du moteur sous la limite acceptable.

19) **Voltige**

(a) Les vitesses suivantes sont recommandées :

Tonneau lent	90-95 nœuds *(167-176 km/h)*
Boucle	105 nœuds *(194 km/h)*
Immelmann	120 nœuds *(222 km/h)*

(b) Les becs de bord d'attaque doivent être verrouillés pour la voltige.

(c) Il faut veiller lors des acrobaties aériennes à ce que la vitesse de rotation du moteur ne dépasse pas 2.470 tr/min.

---

[21] Les techniques de sortie de vrille sont décrites en détail dans l'Air Publication 129 "*RAF Flying Training*", chapitre III "*General Principles of Flying*", paragraphes 191 à 209 (impression de décembre 1939).

(d) Toutes les manœuvres déclenchées, boucles inversées et demi-boucles inversées sont interdites.

20) **Approche et atterrissage**
(a) Effectuez les points de contrôle 54 à 57 de la checklist des Pilotes.
(b) Pour une approche en vol plané, la vitesse doit rester à 55 nœuds *(102 km/h)*.
(c) La vitesse initiale d'une approche avec moteur doit être de 55 nœuds *(102 km/h)*, mais la bordure d'aérodrome doit être franchie à 50 nœuds *(93 km/h)*.
(d) Pour un atterrissage court, la vitesse au-dessus de la bordure d'aérodrome peut être réduite à 45 nœuds *(83 km/h)* ou encore moins si les circonstances sont favorables.
(e) En cas de vives bourrasques de vent l'approche et l'atterrissage doivent se faire avec les becs de bord d'attaque verrouillés.

21) **Atterrissage manqué et nouveau circuit**
(a) L'avion montera facilement avec la manette des gaz ouverte en grand ; la vitesse de montée est atteinte très rapidement.

22) **Après l'atterrissage**
(a) Avant le roulage au sol, effectuez les points de contrôle 58 à 60 de la checklist des Pilotes.
(b) En arrivant à l'aire de stationnement, laissez le moteur tourner au ralenti à 1.000 tr/min pendant une minute et vérifiez les interrupteurs pour l'absence de coupure de l'allumage. [22]
(c) Si le bon fonctionnement du moteur est en doute effectuez les contrôles énumérés pour le point fixe.
(d) Coupez (OFF) les deux interrupteurs des magnétos et ouvrez la manette des gaz complètement.
(e) Quand le moteur s'est arrêté, fermez la manette des gaz et effectuez les points de contrôle 61 et 63 [23] de la checklist des Pilotes.

---

[22] Aujourd'hui appelé *"live mag check"* dans les checklists, cet essai <u>après le vol</u> a principalement pour but de vérifier qu'un fil de magnéto ne se serait pas mis à la masse et qu'une magnéto serait donc active malgré l'interrupteur sur OFF (les magnétos d'un avion sont mises à la masse pour fonctionner, contrairement à la bobine d'allumage d'une voiture): après avoir effectué l'essai de chaque magnéto alternativement comme pour le "dead cut check", il faut donc mettre temporairement les deux interrupteurs des magnétos sur OFF : si l'allumage s'arrête, tout va bien; sinon c'est que l'une des magnétos (ou les deux) est à la masse. Si une magnéto est active alors que le moteur est à l'arrêt, tout mouvement de l'hélice pourrait conduire à un démarrage inopportun et potentiellement dangereux du moteur.

[23] *Sic.* Il faut probablement comprendre "61 à 63" et non pas "61 et 63".

IIIème PARTIE
LIMITES D'UTILISATION

23) <u>**Caractéristiques du moteur**</u>

Gipsy Major 1 (équipé d'une hélice à pas fixe).

<u>Carburant</u>
Essence à indice d'octane 73, D.T.D. [24] 224

<u>Huile</u>
D.T.D. 472
Pression d'huile   .. normale 40 lb./sq.in. *(2,8 bars).*
                             .. minimale 30 lb./sq.in. *(2,1 bars).*

[Vitesses de rotation du moteur]
Maximale au décollage   .. 2.100 tr/min.
Minimale au décollage   .. 1.825 tr/min.
Montée..   ..   ..   .. 2.100 tr/min (ne pas excéder 1 heure)
Maximale de croisière..   .. 2.100 tr/min.
Maximale en piqué
   (Manette des gaz ouverte
    au minimum d'1/3)   .. 2.470 tr/min. (ne pas excéder 20 sec.)

24) <u>**Limites de pilotage**</u>

(a) Vitesse de piqué maximale autorisée - 143 nœuds *(265 km/h).*
(b) Poids maximal autorisé prêt à décoller - 1.825 livres *(828 kg).*
(c) Poids maximal autorisé prêt à décoller pour la voltige - 1.770 livres
                                                    (803 kg).

---

[24] DTD : Directorate of Technical Development : Cette Direction au sein du Ministère de l'Air était chargée de définir les spécifications officielles pour les composants aéronautiques, y compris les consommables et pièces de rechange. Par exemple :
   – Tubes en acier inoxydable : spécification DTD n°105 ;
   – Huile de lubrification : spécification DTD n°109 ;
   – Carburant à indice d'octane 87 : spécification DTD n°230.

IVème PARTIE
SITUATIONS D'URGENCE

25) <u>Extincteur</u> [25]

Un extincteur est installé à droite du siège du Pilote dans le poste de pilotage arrière. Il peut être utilisé en position, pulvérisant le carburateur et le filtre. Il peut également être retiré et utilisé comme un extincteur portable.

26) <u>Trousse de premiers soins</u>

Une trousse de premiers soins est stockée sur le côté gauche du fuselage derrière le poste de pilotage arrière et est accessible via un panneau entoilé.

27) <u>Atterrissage forcé</u>

Serrez le harnais de sécurité et retirez la prise de l'intercom.
Faites l'approche à 50-55 nœuds *(93-102 km/h)* ; une approche avec le moteur en marche est possible.
Si le temps le permet avant le toucher des roues, coupez le carburant et coupez l'allumage. Si un atterrissage forcé doit être fait sans moteur, ces actions devraient être effectuées le plus tôt possible.

28) <u>Amerrissage forcé</u>

Lorsque c'est possible, il est préférable d'abandonner l'avion plutôt que de tenter un amerrissage forcé. En raison du train d'atterrissage fixe, l'avion a tendance à passer sur le dos lors du contact avec l'eau. Lorsqu'un amerrissage est inévitable, l'avion doit être dirigé de façon à toucher l'eau dans un virage à plat, afin que la force de l'impact soit absorbée par l'aile. Ceci doit être fait à une vitesse aussi lente que possible.

---

[25] Dans le document original, la numérotation de ces paragraphes redémarrait à 1.

Vème PARTIE - ILLUSTRATIONS

LÉGENDE DE LA FIGURE 1 - VUE GÉNÉRALE DU POSTE DE PILOTAGE ARRIÈRE

1. Badin
2. Inclinomètre longitudinal [26]
3. Indicateur de virage et de dérapage
4. Ampoule d'éclairage du tableau de bord
5. Compte-tours du moteur [27]
6. Manomètre du circuit d'huile
7. Rhéostat de l'éclairage du tableau de bord
8. Manipulateur morse et interrupteur pour la lampe d'identification (poste de pilotage arrière seulement)
9. Interrupteur des feux de navigation (poste de pilotage arrière seulement)
10. Compas
11. Manche à balai
12. Emplacement de la porte de droite (ouverte)
13. Barre de blocage du manche à balai
14. Levier de blocage des becs de bord d'attaque [28] (poste de pilotage arrière seulement)
15. Pochette de rangement des cartes (non installée sur cet avion)
16. Levier du robinet d'essence
17. Levier de compensation d'équilibrage de la profondeur
18. Molette de serrage de la manette des gaz
19. Manette des gaz
20. Porte gauche (fermée)
21. Verrous avant et arrière de blocage de la porte gauche
22. Altimètre
23. Montre
24. Interrupteurs des magnétos (montés sur le fuselage, à l'extérieur, juste en avant du pare-brise)
25. Protection du haut du tableau de bord
26. Pare-brise

----

[26] Instrument rapidement jugé inutile et retiré sur beaucoup d'appareils.
[27] Monté incliné à cause de l'encombrement des connections du manomètre d'huile en-dessous.
[28] Ce levier est monté plus haut sur beaucoup de Tiger Moth.

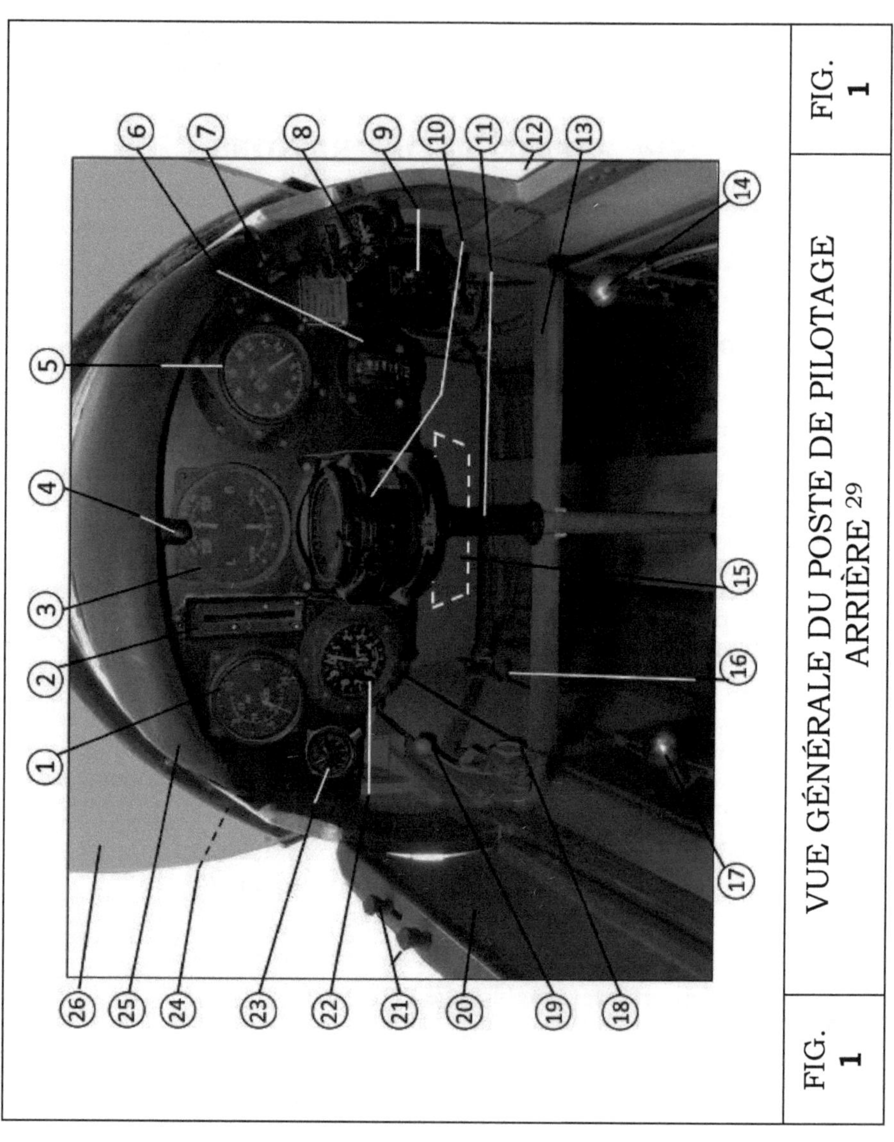

FIG. 1

VUE GÉNÉRALE DU POSTE DE PILOTAGE ARRIÈRE [29]

FIG. 1

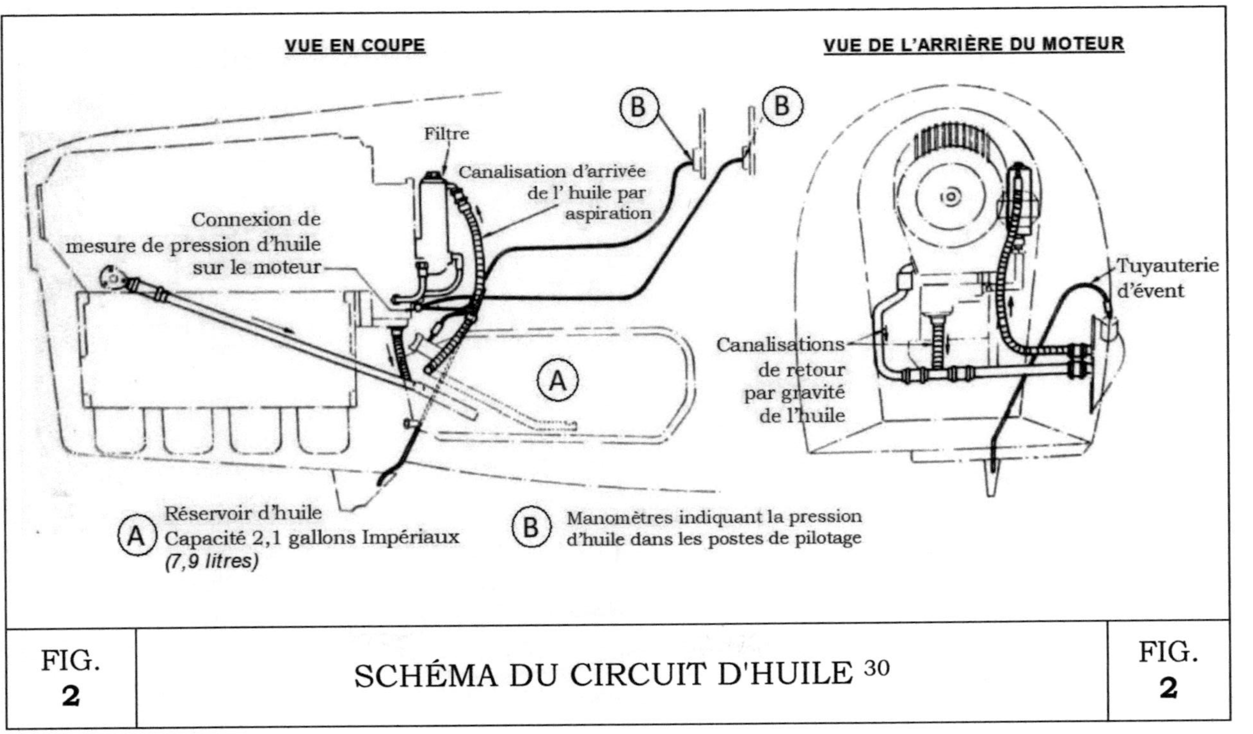

30 Figure 6 de l'Air Publication 1449B, Volume I, juillet 1935 (réimpression d'août 1947).

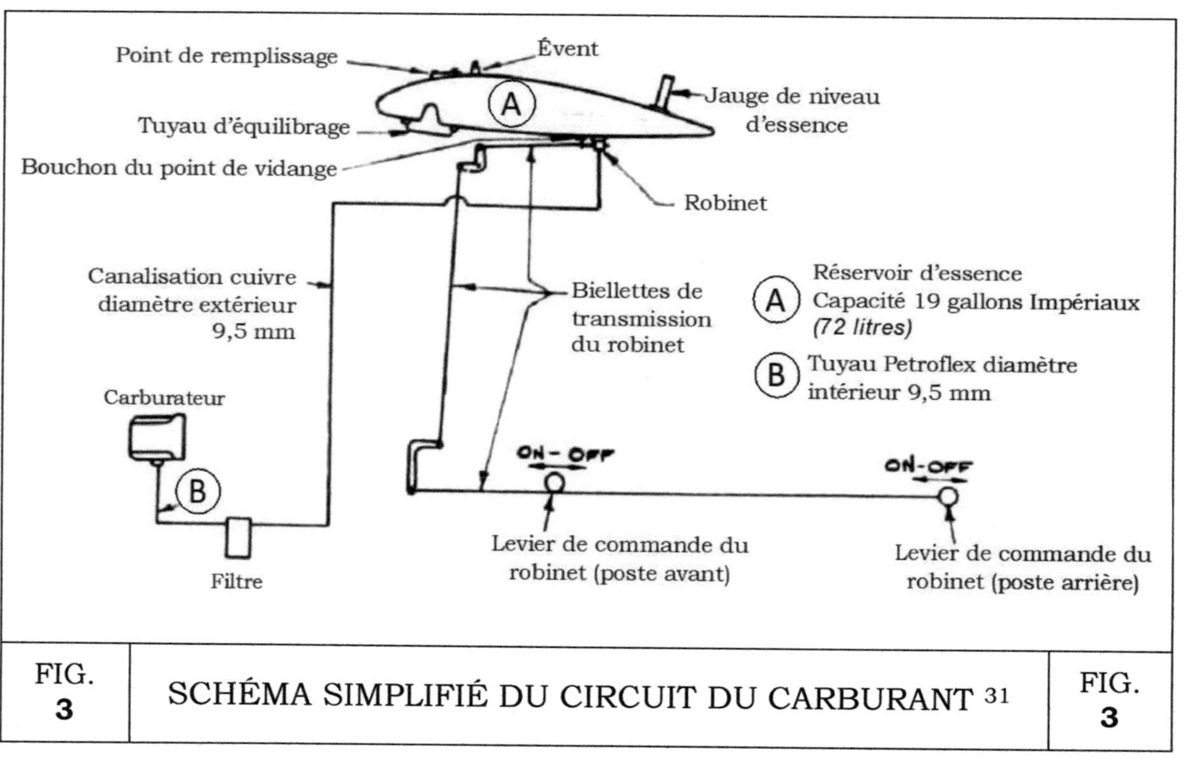

[31] Figure 5 de l'Air Publication 1449B, Volume I, juillet 1935 (réimpression d'août 1947).

<u>**ANNEXE :**</u>
SÉQUENCE DES VÉRIFICATIONS AU POSTE DE PILOTAGE [32]
AVION TIGER MOTH *[DH.82C]*

De façon à standardiser la procédure de vérification pré-vol sur le parking et les vérifications au poste de pilotage lorsque l'avion est placé perpendiculairement au vent *[juste avant de virer face au vent pour le décollage]*, les instructions suivantes doivent être respectées :

<u>**VÉRIFICATIONS SUR LE PARKING**</u> :
Après le démarrage du moteur et avant de rouler au sol, un contrôle complet et systématique du poste de pilotage doit être fait.

1. <u>TESTEZ LES COMMANDES PRINCIPALES</u>. Vérifiez le mouvement du manche à balai dans toutes les directions et des pédales du palonnier sur tout leur débattement et assurez-vous que les gouvernes fonctionnent dans le bon sens.

2. <u>FREINS</u>. Vérifiez que les freins sont serrés. [33]

3. <u>ROBINET DU CARBURANT</u>. Assurez-vous que le robinet est ouvert (levier poussé à fond vers l'avant).

4. <u>HUILE</u>. Vérifiez que vous avez de la pression d'huile (environ 30 [34] pendant le ralenti quand le moteur est chaud). Assurez-vous que la température de l'huile soit d'au moins 15°C avant de pousser le moteur.

5. <u>INTERRUPTEURS</u> *[DES MAGNÉTOS]*. Vérifiez que les deux jeux d'interrupteurs sont sur "contact".

6. <u>ALTIMÈTRE</u>. Réglez l'altimètre sur zéro pour les vols locaux, et sur l'altitude de l'aérodrome pour les vols de navigation à longue distance.

7. <u>COMPENSATION DE L'EMPENNAGE</u>. Le levier doit être au maximum à cabrer pour les essais de puissance du moteur et pour rouler au sol. Après avoir regardé en arrière pour s'assurer que l'empennage ne pointe pas vers un autre avion ou une porte ouverte, poussez la manette des gaz jusqu'à environ 1.600 tr/min et testez chaque magnéto à tour de rôle. La baisse de régime ne doit pas dépasser 3% (environ 50 tr/min) sur une seule magnéto. Si le test est satisfaisant, poussez doucement la manette des gaz pour vérifier les tr/min maxima mais ne restez pas plus que nécessaire à la pleine puissance. Enfin, vérifiez la jauge du carburant pour vous assurer que vous disposez d'assez d'essence pour le vol que vous comptez faire.

---

[32] Cette Annexe a été traduite à partir d'un document utilisé au début de 1942 par la 33ème École Élémentaire de Formation au Pilotage de Caron, Saskatchewan, Canada. Cette unité était l'une des six écoles élémentaires de la RAF délocalisées au Canada.

[33] Le DH82C utilisé au Canada était équipé de freins, de verrières coulissantes, d'une roulette de queue et d'un système de chauffage pour les postes de pilotage.

[34] Le document original ne comportait pas d'unités. Comprendre "30 lb./sq.in." *(2 bars)*.

<u>**VÉRIFICATION DES ACTIONS VITALES**</u> :
Pendant que l'avion est placé perpendiculairement au vent face au circuit
[d'approche] avant chaque décollage, la séquence suivante de vérification
des actions vitales doit être faite :

<u>VÉRIFICATION DES ACTIONS VITALES</u> :

B. BRAKE - Freins.	Vérifiez que les freins sont desserrés.
T. THROTTLE - Manette des gaz.	Vérifiez que la molette de blocage de la manette des gaz est suffisamment serrée.
O. OIL - Huile.	Vérifiez que la pression d'huile est d'au moins 35 lbs*[/ sq.in.]* *(2,4 bars)* et que la température de l'huile soit d'au moins 20°C.
P. PETROL - Carburant.	Vérifiez la jauge du carburant pour vous assurer que vous disposez d'assez d'essence pour votre vol.
T. TAIL-TRIM - Compensation de l'empennage.	Réglez le levier pour le décollage (environ à mi-course).

COURTE HISTOIRE DES MANUELS À L'INTENTION DES PILOTES

Ce chapitre historique peut paraître un peu technique et rébarbatif, mais il a paru nécessaire de décrire de façon sommaire les structures documentaires utilisées pour les manuels à l'usage des personnels de diverses forces aériennes dans les années 1930-1950 pour que le lecteur puisse se repérer entre les différents types de publications.

Tous les pays engagés dans la Seconde Guerre mondiale disposaient de manuels d'emploi des avions à l'intention des pilotes. Ces manuels prenaient des formes variées, depuis les documents techniques les plus complets jusqu'à des formats très simplifiés, proches de la bande dessinée. On pourra s'en étonner mais il ne faut pas oublier que les profils de recrutement des pilotes ont largement fluctué pendant la guerre, quand il a fallu former dans l'urgence des milliers de jeunes (voire très jeunes) gens tirés des écoles ou des campagnes. Certains pilotes ont appris à voler avant de savoir conduire une voiture !

Il suffit de citer quelques chiffres pour se rendre compte de l'importance de la tâche consistant à former des aviateurs :

- Au Royaume-Uni, le recrutement des pilotes, qui était avant-guerre réservé à une élite composée d'Officiers, a été ouvert aux Hommes du rang, qui recevaient le grade de Sergent au moment de leur macaronage. Les programmes de formation des équipages au Royaume-Uni et dans tout l'Empire britannique, ont vu passer des centaines de milliers d'hommes. [35] Par exemple, des milliers de Britanniques ont été envoyés au Canada, en Afrique du Sud ou aux USA pour suivre des cours de pilotage ou de navigation. Ces écoles ont aussi reçu des élèves tchèques, polonais, français, norvégiens, hollandais, grecs ou belges qui avaient parfois du mal à maitriser les subtilités de la langue anglaise. Suivant les époques et la filière de formation, il fallait entre une à deux années pour former un aviateur.

- Que ce soit durant la bataille d'Angleterre en 1940 ou pendant les durs combats de l'hiver 1944-45, les "bleus" avaient peu de chance de survivre à leur première semaine en Escadron.

- Alors que les pilotes allemands recevaient 220 à 270 heures de pilotage avant d'être affectés en unité combattante au début de la guerre, le manque de carburant et d'instructeurs a réduit ce chiffre autour de 160 heures fin 1943. [36] Durant la seconde moitié de la guerre, les pilotes de la RAF accumulaient entre 370 et 510 heures de vol avant de rejoindre un Escadron, plus du double par rapport à leurs prédécesseurs formés en 1939-40.

---

[35] 326.552 aviateurs de l'Empire britannique ont été formés pendant la guerre d'après l'A.P.3233 *"Flying Training"* Volume I, Annexe 2.

[36] Page 161 du document *"Flying Training - Volume I"*, op. cit, et page 341 de l'étude n°69 de l'Army Air Forces Historical *"Technical Training within the German Luftwaffe"* (voir bibliographie).

- Pendant la guerre, l'US Navy a formé près de 65.000 pilotes de l'aéronavale, soit 25 fois plus que dans la décade précédant la guerre, contre environ 24.000 pour la marine impériale japonaise.

Des manuels en couleur, parfaitement reliés, de plusieurs centaines de pages (par exemple ceux de l'Aer Macchi pour le C200) ont côtoyé des polycopiés d'une quarantaine de pages en noir et blanc et tapés à la machine (par exemple certains manuels britanniques). Si l'on peut comprendre l'urgence et le pragmatisme des militaires britanniques qui ont limité certaines de leurs publications à l'essentiel strictement nécessaire aux pilotes, on peut s'étonner du luxe apparent des manuels soviétiques en quadrichromie (par exemple ceux de l'Il-2 ou du Yak 3).

L'organisation des manuels britanniques est résumée dans les pages suivantes, avec ensuite une comparaison rapide avec les manuels américains, français et allemands.

Les manuels britanniques

"Les Anglais ont les meilleurs manuels au monde. Heureusement leurs officiers ne les lisent pas !" Citation attribuée à Erwin Rommel en 1933 quand il était instructeur.

La documentation technique de la RAF

Comme on peut s'y attendre, les premières publications techniques de la RAF étaient des manuels très largement inspirés de ceux rédigés par les fabricants de matériels pour le bon entretien de leurs produits. On trouve par exemple sous l'appellation **d'Air Publication** (A.P. - Publication de l'Air) un document de 1913 intitulé *"AP285 Manuel du moteur Renault"* ou un autre de la même année *"AP279 Le moteur Gnome : son entretien et son utilisation"*. Comme nous le verrons plus loin, jusqu'en 1936, les pilotes n'étaient clairement pas l'audience principale de ces manuels qui s'adressaient surtout aux techniciens chargés du montage et de la maintenance des équipements. Les manuels publiés par le Ministère de l'Air pour tous les équipements de la RAF étaient divisés depuis 1930 en trois volumes de la façon suivante :
- Volume 1 : description générale et instructions pour le pilote et l'équipage.
- Volume 2 : instructions pour les modifications, l'inspection, la maintenance et les réparations.
- Volume 3 : liste des pièces de rechange.

Les équipements et procédures faisant l'objet d'une A.P. sont, par exemple :
- Les avions, planeurs, hydravions, cibles aériennes et ballons de barrage,
- Les moteurs, les carburateurs, les hélices, les carburants et lubrifiants,
- Les équipements pour les opérations : l'armement, les viseurs, les radios, les radars et les appareils photographiques,
- Les autres équipements de bord (systèmes hydrauliques, instruments, pompes, circuit d'oxygène, freins, ciné-caméras, pneumatiques, coupe-câble de ballon de barrage, etc.),

- Les équipements au sol (groupes de démarrage, véhicules spécialisés).
- Les techniques ou matériels spécialisés (découpage au chalumeau acétylène, équipement pour le parachutage de personnel ou de matériel, opération des avions par temps froid, etc.),
- Les outils de formation (reconnaissance des avions ennemis ou amis, navigation, météorologie, etc.)
- Les équipements de secours (parachutes, extincteurs, canots et gilets de sauvetage, et même les vedettes de secours en mer opérées par la RAF (par exemple les vedettes Thornycroft)).

La structure d'une A.P. typique pour un avion est représentée ci-dessous : on voit bien que les Notes à l'intention des Pilotes ne sont que la partie émergée d'un "iceberg documentaire", surtout si l'on ajoute que les équipements principaux (moteur, hélice, etc.) ont aussi chacun leur propres Publications de l'Air.

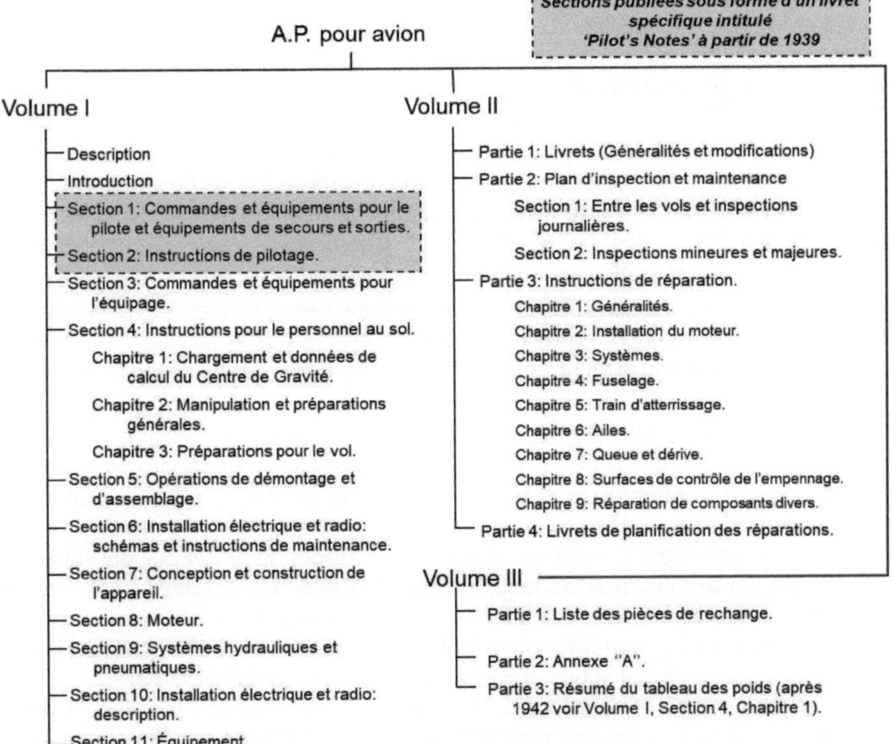

Chaque équipement se voit doté d'un numéro d'A.P., suivi d'une lettre en fonction de l'évolution des versions : par exemple, l'A.P. du bombardier Wellington est codifiée A.P.1578A pour le Wellington Mark I, A.P.1578B pour le Wellington Mark II, A.P.1578C pour le Wellington Mark IIII, etc.

En plus de l'A.P. de l'avion, il faut se référer aux A.P. spécifiques pour le moteur, les instruments et autres systèmes dès que l'on veut avoir plus de détails. On se rend donc compte que pour décrire un appareil particulier en détail, il faut prendre connaissance de centaines, voire de milliers, de pages, surtout lorsque cet avion a fait une longue carrière et a subi des dizaines de modifications. Les ouvrages de cette série n'ont pas pour ambition d'aller aussi loin et se limitent principalement au Volume I sections 1 et 2, mais avec parfois des illustrations ou des détails techniques puisés dans les autres parties.

Les A.P. étaient généralement imprimées sur des feuillets volants pour permettre la mise à jour dans des classeurs, mais à partir de 1939, les Sections 1 et 2 du Volume 1, spécifiques au pilotage, sont publiées en livrets séparés **sous le titre de Pilot's Notes (Instructions à l'intention du Pilote),** généralement de taille 13 x 19 cm. Les rationnements de temps de guerre ont également amené à remplacer les classeurs à reliure métallique par des couvertures reliées par des ficelles, et à diminuer la taille des feuillets. Les mises à jour se faisaient soit par remplacement de pages entières, soit par collage de paragraphes (reçus sur papier gommé à la façon des timbres avant l'avènement du timbre autocollant), ou plus rarement en raturant un chiffre ou un mot à la main. Le pilote devait également dater et signer la page de révision correspondante en début de livret.

Même pour les unités basées au Royaume-Uni, les mises à jour de ces documents ne devaient pas toujours être faciles par temps de guerre, avec des matériels en constante évolution, des unités changeant d'aérodrome régulièrement et des personnels formés bien plus sommairement qu'en temps de paix.

À part les posters de sensibilisation (Air Diagram) et quelques rares livrets de formation, les publications britanniques du temps de guerre étaient strictement monochromes. Il a fallu attendre juin 1945 pour voir de la couleur réapparaitre dans le manuel du Tempest V.

L'organisation de la RAF était très administrative : il existait des dizaines de types de formulaires qui devaient être complétés pour toute demande ou tâche à accomplir. Cette impression de crouler sous le papier est entrée dans les mœurs et était souvent tourné en dérision comme le montrent les exemples suivants :

- La paperasse reçoit le nom de *"bumph"* dans l'argot de la RAF, ce qui sera mis à profit par des instructeurs taquins lorsqu'il faudra inventer des acronymes de checklist faciles à retenir par les élèves (voir ci-après) ;
- Plusieurs dessins humoristiques font référence aux tâches administratives, même dans les publications officielles, comme celui présenté ci-dessous ;
- Avec les restrictions du temps de guerre, de multiples appels sont lancés pour rationner et économiser les consommations de papier : ceci est commenté ainsi dans le Journal de Marche du 609ème Escadron *"Le succès de cet appel du QG du Fighter Command sera probablement dépendant de l'exemple qui sera donné"*, sous-entendu *"Demandez-nous de remplir moins de formulaires et nous économiserons du papier."* On frise la rébellion dans les bureaux !

Illustration humoristique de 1943 sur le sujet de la mise à jour des A.P. : "*Do it now !*" ou "*Faites-le maintenant !*", publiée dans A.P.2462A Engineer Publications.

Les A.P. sont de manière générale accessibles "aux utilisateurs officiels" (couverture orange, plus tard bleue), mais certains volumes relatifs à des équipements secrets sont classés "confidentiel" (couverture verte) ou "secret" (couverture cerise). Chaque Commandement de la RAF doit disposer d'un Officier responsable des Publications de l'Air, notamment pour tenir à jour les listes de distribution des documents. De même, chaque Escadron doit avoir un Officier en charge des Publications de l'Air pour servir de point de contact et pour contresigner toutes les demandes de documentation. Chaque Escadron maintient aussi un livre des Ordres Techniques Courants, que chaque pilote doit lire et signer régulièrement : ce livre permet de transmettre les instructions techniques qui ne sont pas encore incorporées dans les A.P., ou qui sont très spécifiques à l'Unité concernée. Par exemple, suite à un accident, le Fighter Command rappelle, en août 1941, qu'avant le décollage, les pilotes ne doivent pas oublier de bloquer leur manette des gaz à l'aide de la vis de serrage prévue à cet effet, faute de quoi elle risque de se refermer sous l'effet des vibrations.

Pour éviter quelques erreurs, les pages des volumes II des A.P. britanniques étaient plus étroites que celles des volumes I tout en ayant la même hauteur. Les pages des volumes III étaient à la fois plus hautes et plus larges que celles des volumes I et II.

Illustration humoristique de 1943 sur le format des différents volumes des A.P., publiée dans A.P.2462A Engineer Publications.

Avant de plonger dans l'histoire des Notes à l'intention des Pilotes, les deux pages suivantes présentent rapidement les principaux acteurs qui leur ont donné naissance.

Edgar R. Ludlow-Hewitt : Né en 1886, il obtient son brevet de pilote en 1914 et sert au sein du Royal Flying Corps durant la Première Guerre mondiale. Dans les années trente, il est commandant en chef de la RAF en Irak puis en Inde, avec un passage de deux ans entre les deux au Ministère de l'Air au poste de Directeur des Opérations et du Renseignement. En septembre 1937, avec le grade d'Air Chief Marshal, il prend les rênes du Bomber Command. Loin d'être aussi confiant dans la suprématie du bombardier que la plupart de ses contemporains, il souligne la faiblesse de la préparation des hommes et des machines pour la lutte à venir. Que ce soit sur la formation des équipages aux nouveaux matériels (y compris l'absence de Notes à l'intention des Pilotes), la navigation, l'escorte des bombardiers par des chasseurs, la formation et la professionnalisation des mitrailleurs, ses demandes répétées finissent par lui attacher une image négative au sein de l'état-major de la RAF. Il est muté en avril 1940, au moment où l'histoire commence à lui donner raison, pour le poste d'Inspecteur Général de la RAF qu'il occupera jusqu'à la fin de la guerre.

Roderic M. Hill : Né en 1894, il entre comme Sous-Lieutenant dans l'infanterie en 1914. Blessé, il rejoint le Royal Flying Corps en 1916 en tant que pilote. Après la guerre, il sert notamment comme pilote d'essai au Centre de Recherche Aéronautique (RAE) de Farnborough puis en Inde, en Irak et en Palestine. En janvier 1938, il est affecté au poste de Directeur du Développement Technique du Ministère de l'Air, avec le rang d'Air Vice-Marshal. Pendant la guerre, il fait partie de la Mission de l'Air Britannique à Washington, commande le RAF Staff College, puis le 12ème Groupe de Chasse avant de prendre la tête du Fighter Command. Il devient membre chargé de la Formation au sein du Conseil de l'Air puis pour les Services Techniques après la guerre, avant de prendre sa retraite en 1948 avec le grade d'Air Chief Marshal.

Wilfred A. McClaughry : Né en 1894 en Australie, il fait des études d'ingénieur des mines avant de s'engager dans les Forces Impériales Australiennes en 1913. Il passe son brevet de pilote en février 1916 et sert en France avec de brillants états de service (DSO, MC, DFC, mentionné trois fois à l'ordre de l'Armée). Il commande le 8ème Escadron à Aden puis diverses bases en Égypte et à Aden avant d'être nommé Directeur de la Formation au sein du Ministère de l'Air en octobre 1938, avec le grade d'Air Commodore. De septembre 1940 à juin 1942, il commande le 9ème Groupe de Chasse au Royaume-Uni avant d'être nommé officier de l'Air commandant au QG Allié au Caire. Il est tué lors de l'accident d'un Lockheed Lodestar le 4 janvier 1943.

George H. Stainforth : Né en 1899, il entre dans l'armée avant la fin de la Première Guerre mondiale. Il rejoint la RAF en 1923 et fait partie de l'équipe britannique en compétition au trophée Schneider de 1929 et de 1931. Il remporte trois fois le record du monde de vitesse, une fois en 1929 sur Gloster-Napier, et deux fois en 1931 sur Supermarine S6B, le dernier étant enregistré à 655 km/h. De février 1939 à janvier 1940, en tant que Squadron Leader, il commande l'Escadrille d'Expertise et de Manœuvre au sein de l'École Centrale de Pilotage. C'est donc à lui et à ses pilotes qu'il revient de rédiger les premières Notes à l'intention des Pilotes. Il a ensuite été pilote d'essai au Centre de Recherche Aéronautique (RAE) de Farnborough avec le grade de Wing Commander avant d'être nommé en octobre 1941 commandant du 89ème Escadron de chasse de nuit en Égypte. Il est mort aux commandes de son Beaufighter le 27 septembre 1942.

James A. G. Haslam : Pilote pendant la Première Guerre mondiale, Haslam avait obtenu la MC et la DFC, notamment pour avoir mené des attaques risquées contre des troupes au sol et pour avoir poursuivi un combat contre sept avions ennemis malgré une blessure à la jambe. [37] En 1930, il obtient un Doctorat après des recherches d'aérodynamique en étudiant les écoulements de l'air sur les surfaces d'un avion. Avant la guerre, il travaille en tant que civil au sein de la Direction du Développement Technique du Ministère de l'Air, notamment pour répondre aux demandes du Commandant du Bomber Command qui réclame des Notes à l'intention des Pilotes pour les nouveaux types d'avions. [38] Rappelé lors des hostilités, il prend le commandement en 1940 d'un Escadron de la 18ème Unité de Formation Opérationnelle (OTU) à Hucknall, Nottinghamshire avec le grade de Squadron Leader. Reconnu pour ses qualités de pilote et de scientifique, et connaissant parfaitement les rouages du Ministère de l'Air, de la RAF et de l'École Centrale de Pilotage (CFS), un poste est spécialement créé au sein de la Direction de la Formation au Pilotage début 1941 pour qu'il puisse prendre en charge la coordination de la rédaction des Notes à l'intention des Pilotes, avec le grade de Wing Commander.

Christopher Clarkson : Le Squadron Leader Clarkson a été affecté en juillet 1940 à New-York pour rédiger les Notes à l'intention des Pilotes pour les avions produits aux USA pour la RAF. Avec l'équipe des pilotes britanniques affectés aux essais de ces avions, il a publié 22 de ces Notes, dont plus de 25.000 exemplaires ont été imprimés. En janvier 1944, alors Group Captain, il prend en charge la tête de cette équipe d'essai aux USA. Ayant commencé sa carrière sur des biplans datant de la Première Guerre, il vole en juin 1945 sur des avions à réaction Vampire et Meteor durant un passage en Grande-Bretagne, son carnet de vol enregistrant finalement le pilotage de 192 types d'avions différents. [39]

---

[37] Suppléments de la London Gazette du 26 juillet et du 3 décembre 1918.

[38] Notes n°859561/39/RDT3 du 17 février 1939, conservées dans le dossier AIR 2/3978, TNA, pièces 16B, C, et E.

[39] Témoignage de 1971 du Group Captain Clarkson, AFC, *"Pilots notes & development flying of US aircraft : 1940-45"* conservé sous la référence 13955, IWM.

La genèse des "Pilot's Notes" [40]

En mai 1916, un court document de huit pages, intitulé *"Publication de l'Air n°282 - Notes sur le pilotage de divers aéroplanes"*, est publié, manifestement pour aider un instructeur à passer les "ficelles" à connaître à un élève pilote. On y apprend, par exemple, qu'un Morane-Saulnier Type L ne doit jamais être posé trop cabré, car si cela se produit la machine va probablement partir en cheval de bois et au minimum perdre une roue. Ce document couvre les Royal Aircraft Factory BE-2C, FE-2 et RE-5, le Morane Parasol (Morane-Saulnier Type L avec moteur Le Rhône de 80 ch.), le Vickers (FB-5 ?) et le Voisin (III ?). [41] Dans les années 1920, les premiers manuels de formation au pilotage (Publication de l'Air n°129) sont publiés par le Ministère de l'Air.

Au début des années 1930, l'Escadrille D de l'École Centrale de Pilotage (CFS) de la RAF à Upavon, Wiltshire est composée de pilotes de catégorie A1 (instructeurs expérimentés et de compétences exceptionnelles). Commandée par le Flight Lieutenant Basil Embry, cette Escadrille se voit confier la conversion des pilotes (par exemple de monomoteur à bimoteur), le rafraichissement des pilotes qui n'ont pas volé depuis longtemps et les missions qui sortent de la routine de l'École, en particulier : [42]

– Le développement d'une technique de vol sans visibilité pour convertir les pilotes déjà formés, et qui puisse être enseignée aux nouveaux élèves pilotes. Ce travail s'est avéré fondamental pour la sécurité des vols et pour donner à la RAF la capacité de poursuivre son offensive de bombardement en passant au vol de nuit dès 1940. Le Flight Lieutenant W. E. Patrick Johnson a reçu la Air Force Cross en 1931 pour ses efforts [43] qui ont conduit la RAF à adopter en 1937 un panneau standardisé portant les six instruments de base pour le pilotage sans visibilité. [44] Ce panneau est resté inchangé pendant plusieurs décades.

– L'étude des avions présentant des caractéristiques de vol inhabituelles, que ce soit à cause d'un équipement nouveau ou d'un défaut suspecté. Une fois le problème étudié et la "bête" maitrisée, les Instructeurs de l'Escadrille D publient des "Notes" qui sont diffusées aux pilotes des unités concernées.

Peu à peu, ces "Notes" vont être pérennisées en entrant dans la documentation officielle ("Air Publication") de l'avion concerné. Le premier exemple de cette pérennisation des "Notes" à l'intention des pilotes est bien un cas d'appareil ayant

---

[40] *"Handling Squadron 1937 - 2011 : a brief history"*, [En ligne, consulté le 15 janvier 2018] http://handlingsqn.org/files/history.htm et article *"All about the Handling Squadron"*, pages 170-171 du mensuel de la RAF *"Tee Emm"*, Volume 2, n°7, octobre 1942.

[41] Note conservée dans le dossier AIR 10/305, TNA.

[42] Chapitre IV du livre *"Mission completed"*, de Sir Basil Embry, Quality Book Club, 1956.

[43] Revue Flight du 8 janvier 1932, page 29. Patrick Johnson avait commencé ses travaux sur le vol sans visibilité en suivant une formation à l'école Farman près de Paris. Il a plus tard travaillé de 1940 à 1954 au sein de Power Jets, la société fondée par Sir Frank Whittle, inventeur des premiers moteurs à réaction britanniques.

[44] Article *"Instrument planning"* par le Wing Commander G. W. Williamson publié le 19 août 1937 dans la revue Flight, pages 193 à 195.

des caractéristiques de vol inhabituelles puisqu'il concerne l'autogire Cierva C.30. Cette première Publication de l'Air de 1936 visant directement les pilotes est intitulée *"Notes sur la technique de manœuvre au sol et en vol du l'autogire Rota"*. [45]

1937-38, les accidents explosent

L'année 1937 apporte une véritable révolution pour les escadrilles qui reçoivent les premiers monoplans, à cockpit fermé, avec train escamotable, volets hypersustentateurs, hélices à pas variable, système de carburant complexe, bientôt suivis de tourelles hydrauliques, d'essence avec un indice d'octane 100 et d'instruments de plus en plus sophistiqués. Cette complexité accrue des avions, couplée à l'expansion de la RAF au fur et à mesure des plans de réarmement va entrainer une explosion du nombre d'accidents graves. La proportion de pilotes inexpérimentés dans les Escadrons augmente grandement comme on peut le voir sur le graphe ci-dessous. [46] Alors qu'en 1933 ou 1934 seulement un pilote sur cinq avait moins de deux ans d'expérience, il y en a plus d'un sur deux en 1938. La supervision et l'accompagnement des nouveaux arrivants est donc plus difficile, et ceci favorise les accidents.

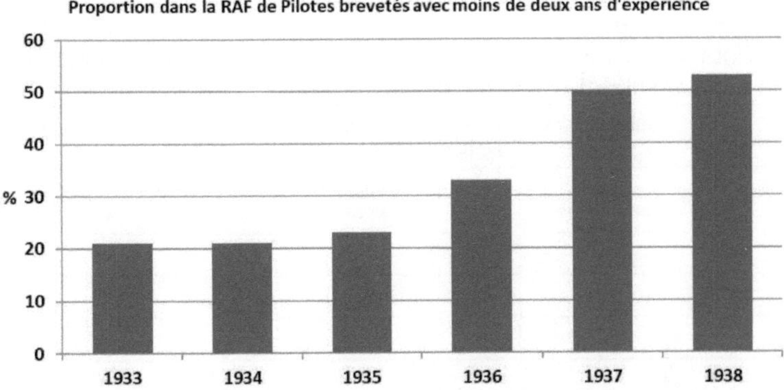

En 1934, la RAF déplorait 5,1 accidents mortels pour 100.000 heures de vol. En 1937 et 1938 ce chiffre était proche de 11, et au-dessus de 18 en 1939. [47] Il ne se passe pas une semaine sans que les journaux ne rapportent un accident grave, les résultats d'une enquête ou d'une cour martiale suite à un accident d'avion militaire. Les parlementaires finissent par se saisir du dossier et posent des questions au Gouvernement, comme par exemple le 16 février 1938, lorsque Sir Gifford Fox, un

---

[45] Air Publication 1568 de juillet 1936, *"Notes on the handling of the Rota Gyroplane in the air and upon the ground"*. Cet appareil, produit sous licence par Avro, n'a jamais vraiment été voulu par la RAF puisqu'il ne correspond à aucune spécification officielle et qu'il ne s'est imposé que sous la pression des artilleurs de l'Armée de Terre qui souhaitaient un appareil de réglage des tirs.

[46] Graphe de l'auteur à partir des données des rapports SD n°119 *"Fatal Accidents"* de 1937 à 1939, conservés sous les références AIR 10/1632, AIR 10/1633 et AIR 20/2047, TNA. Les chiffres des années précédentes sont également cités dans ces rapports.

[47] Données des rapports SD n°119, op. cit..

député Conservateur, demande des explications sur les 90 morts survenus lors d'accidents de vol dans les six mois précédents au sein de la RAF. [48]

Avant 1939, la Direction du Développement Technique (DTD), au sein de la Direction Générale pour la Recherche et le Développement (DGRD), du Ministère de l'Air est responsable de la rédaction des manuels techniques pour les nouveaux avions ou équipements. Ces manuels s'intéressent uniquement à la description des matériels et aux opérations de montage et d'entretien. Le pilotage n'est pas évoqué. L'École Centrale de Pilotage (CFS) d'Upavon dans le Wiltshire, dépendant de la Direction de la Formation du Ministère de l'Air, est chargée de diffuser, lorsque cela est jugé nécessaire, des *"Notes de Manœuvre pour les Nouveaux Monoplans"* (*Handling of new Type Monoplanes*). Cependant, ceci ne se fait que très tardivement, et souvent suite à des incidents, car la priorité est donnée à la formation de nouveaux pilotes et il est parfois difficile à la CFS de se voir attribuer un exemplaire d'un nouvel avion afin de pouvoir en déterminer les caractéristiques.

Dans deux lettres adressées au Ministère de l'Air en décembre 1938, [49] le commandant en chef du Bomber Command, l'Air Chief Marshal Sir Edgar R. Ludlow-Hewitt, attire l'attention sur les accidents d'avions modernes récemment mis en service au sein des escadrilles. Nombre de ces accidents ne sont pas dus à un mauvais pilotage mais à une erreur de manipulation des commandes comme le montre le tableau suivant :

Avion	Mois en service	Accidents au sein du Bomber Command en 1938 * causés par une mauvaise manipulation des commandes suivantes					Total
		Train d'atterrissage	Freins	Circuit carburant	Commandes de vol	Autres commandes **	
Battle	18	3	1	4	-	2	10
Blenheim	20	17	-	3	-	3	23
Whitley	20	-	-	-	1	-	1
Wellesley	19	3	-	-	-	4	7
Harrow	22	-	-	1	-	-	1
Total		23	1	8	1	9	42

** Jusqu'au 22 décembre 1938.*
*** Manettes des gaz, commandes du mélange, des radiateurs, des volets de refroidissement, etc.*

Pour Ludlow-Hewitt, il est *"extraordinaire qu'à l'heure actuelle, les nouveaux avions, les nouvelles armes, les nouvelles tourelles et les autres nouveaux équipements sont mis à disposition au sein de la RAF sans que ne soit simultanément distribuée aucune instruction pratique pour l'emploi et la manœuvre de ces matériels par les équipages des avions. En règle générale, une fois que s'est écoulé un temps*

<ol start="48">
<li>Article "Under-Secretary and RAF tragedies" en page 10 du Sunderland Echo and Shipping Gazette du 23 février 1938.</li>
<li>Lettres du 8 et du 22 décembre 1938, conservées dans le dossier AIR 2/3978, TNA, pièces 1A et 9A, 9B.</li>
</ol>

considérable après la mise en service des équipements, des instructions techniques pour la maintenance des matériels arrivent, mais pour l'instant il ne semble y avoir aucune disposition pour la publication, sous un format réduit facilement lisible, des seules informations qui sont nécessaires à la personne manipulant ces équipements afin qu'elle puisse en faire un usage efficace. ... Il est urgent et de la plus haute importance que des instructions résumées mais complètes soient publiées, expliquant l'emplacement, la nature et la technique d'emploi de toutes les commandes des moteurs et des commandes de vol des nouveaux avions. Il est de la même importance de mettre à la disposition des pilotes les données telles que les températures et pressions minimales et maximales, ainsi que les valeurs limites de sécurité, afin de leur permettre d'utiliser correctement leurs instruments. " Il réclame donc que soit publié le plus rapidement possible des Notes à l'intention des Pilotes et des équipages pour les Wellington, Hampden, Whitley, Blenheim, Battle et Harrow. C'est la première fois que le terme de "Notes à l'intention des Pilotes" (Pilot's Notes) est employé.

Le Membre du Conseil de l'Air responsable du Personnel, l'Air Chief Marshal Sir William Mitchell, apporte son soutien à la demande du commandant en chef du Bomber Command et propose que les fabricants d'avion soient chargés de la rédaction des Notes à l'intention des Pilotes puisque ceci est déjà la pratique établie pour les avions achetés aux États-Unis (Hudson et Harvard) et pour les avions britanniques civils (l'Airspeed Oxford étant donné en exemple). [50] Le Directeur du Développement Technique (DTD), l'Air Vice-Marshal Roderic M. Hill, organise donc une réunion début janvier 1939 pour déterminer la marche à suivre. Le format suivant est proposé par ses services, en supposant un ordre chronologique des besoins de l'utilisateur après l'arrivée d'un nouveau modèle d'avion en escadrille : [51]

Besoin	Nouveaux chapitres du Volume I
A. Se familiariser avec les commandes et autres équipements, que ce soit pour les aviateurs ou le personnel au sol	1. Position et manœuvres des commandes, instruments et autres équipements, avec notamment des illustrations sur l'emplacement des commandes et instruments.
B. Permettre aux aviateurs d'utiliser l'appareil	2. Notes de pilotage sur les caractéristiques de vol, l'emploi des moteurs, du train d'atterrissage, des volets hypersustentateurs, des hélices à pas variables, des freins, etc.
C. Permettre l'entretien de l'appareil	3. Programme et instructions d'inspection et de maintenance.

Ce tableau se poursuit page suivante.

---

[50] Note n°4 du 30 décembre 1938, conservée en en-tête du dossier AIR 2/3978, TNA.

[51] Annexe A *"Aeroplane Handbooks - proposed revision of format of Volume I"* d'une note interne du 5 janvier 1939 de la DTD au Membre du Conseil de l'Air responsable du Développement et de la Production, conservée dans le dossier AIR 2/3978, TNA, pièce 5A.

D. Permettre l'entretien de la motorisation	4. Description de l'ensemble moteur, y compris les instructions de démontage et remontage.
E. Permettre le montage ou le démontage de l'appareil, et les réparations simples	5. Description des composants, y compris les instructions de démontage et remontage ou de remplacement.
F. Permettre des réparations sortant de l'ordinaire	6. Description détaillée de la structure de l'avion (Ancien chapitre 1 du Volume I).
G. Permettre l'entretien des équipements de bord (hors radios)	7. Position et références aux autres publications concernées en fonction des équipements.
H. Permettre l'entretien des matériels radio	Annexe sur la position et références aux autres publications concernées.

Le Directeur de la Formation du Ministère de l'Air, l'Air Commodore Wilfred A. McClaughry, un Australien nouvellement nommé à ce poste, accepte la responsabilité de rédiger des *"Notes de manœuvre à l'intention des Pilotes"* qui doivent devenir le chapitre 1 du Volume I de l'AP de l'avion concerné. [52]

Le 13 février 1939, McClaughry répond officiellement au commandant en chef du Bomber Command. [53] Profitant du travail effectué par la DTD et exposé ci-dessus, les détails qu'il apporte montrent que la procédure prévue pour la rédaction des Notes à l'intention des Pilotes a été bien réfléchie en concertation avec les autres départements du Ministère de l'Air, et de fait ce format s'avérera très satisfaisant et il évoluera donc peu par la suite :

– Les instructions générales qui s'appliquent quels que soient les avions seront incorporées dans la Partie I du Manuel de Formation au Pilotage (Air Publication 129), ce qui évitera de les répéter dans chaque Notes à l'intention des Pilotes.

– Les Notes à l'intention des Pilotes d'un nouvel avion seront constituées des chapitres suivants du Volume I :
  o Chapitre I : Description des équipements.
  o Chapitre II : Notes de manœuvre pour le Pilote.

– Ces documents seront imprimés sur des feuilles volantes, ce qui permettra de diffuser des révisions facilement en ne publiant que les pages révisées. Les deux chapitres seront également imprimés séparément du reste du volume I, sous une couverture particulière, afin que chaque pilote puisse disposer de son propre exemplaire.

McClaughry va prendre plusieurs mesures pour renforcer la discipline et la formation des aviateurs. Parmi celles-ci, l'École Centrale de Pilotage reçoit autorité pour déterminer les techniques d'emploi des avions, et l'Escadrille D, alors rebaptisée Escadrille "de Rafraichissement", est dotée de huit officiers instructeurs-"Examinateurs" supplémentaires pour déterminer les meilleures techniques de

---

[52] Mémorandum *"Preparation of Handbooks on New type Aircraft and Equipment"* du 11 janvier 1939 du Directeur du Développement Technique, l'Air Vice-Marshal Roderic M. Hill, conservé dans le dossier AIR 2/3978, TNA, pièce 10A.

[53] Lettre du 13 février 1939, conservée dans le dossier AIR 2/3978, TNA, pièce 15A.

décollage, d'atterrissage, etc. pour chaque avion, et pour rédiger ensuite des "Notes" descriptives et de manœuvre. Chaque fois qu'un nouveau type d'avion était produit, le premier exemplaire de série était donc envoyé à la CFS pour y être "examiné". La description technique de l'avion et des principaux équipements (circuits carburant, huile, liquide de refroidissement, hydraulique, pneumatique, électrique) était ensuite publiée en tant que Section 1 du Manuel de Maintenance (baptisé Volume I), et les techniques d'emploi de l'avion constituaient la Section 2. En 1939, ces deux sections sont publiées séparément du Volume I sous le titre de "Notes à l'intention des Pilotes" (en anglais "Pilot's Notes"). [54] En fait la section 2 "*Instructions de pilotage*" n'apparait vraiment qu'en 1939, ce qui explique l'absence de Notes à l'intention des Pilotes pour des avions comme le Gloster Gladiator.

La principale difficulté est de pouvoir rédiger les Notes à l'intention des Pilotes avant qu'un nouvel avion ne soit mis en service opérationnel en escadrilles : les quelques rares avions disponibles en début de production sont réservés prioritairement aux essais officiels dans des établissements spécialisés (comme par exemple le Centre de Recherche Aéronautique (RAE) de Farnborough, l'Établissement d'Expérimentation des Avions de la Marine (MAEE) de Felixstowe ou l'Établissement d'Expérimentation des Avions et de l'Armement (AAEE) de Martlesham Heath). Afin de permettre aux pilotes de la CFS de tester les avions le plus tôt possible pour rédiger les manuels de pilotage, permission leur est accordée de se rendre directement auprès du constructeur ou des établissements d'essai. Étant donné les mesures de sécurité qui entourent les centres d'essai, il faut de nombreux échanges de courriers pour que cette procédure se mette en place. [55] Hill et McClaughry veillent à ce que leurs départements travaillent de concert, ce qui n'était pas évident au départ, la première réaction du service chargé de la rédaction des manuels techniques de la DTD ayant été de souligner la perfection de leurs documents et de blâmer la Direction de la Formation pour l'absence de manuel de pilotage. [56]

Début 1939, la quantité de travail à effectuer est telle que l'Escadrille "de Rafraichissement", et son groupe d'officiers "Examinateurs" passe au statut d'Escadron. En 1940, son commandant, le Wing Commander George H. Stainforth impose l'incorporation d'abréviations mnémotechniques pour les actions vitales à effectuer avant les phases importantes. En particulier, celle pour l'atterrissage Freins - Train d'atterrissage - Mélange - Pas d'hélice - Volets hypersustentateurs (BUMPF

---

[54]   Le document déjà cité "*Handling Squadron 1937 - 2011 : a brief history*", donne une date de mi-1940 pour cette extraction des Sections 1 & 2 du Volume 1, mais certaines Notes à l'intention des Pilotes (par exemple celles des Bombay, Blenheim et Hampden) semblent avoir été publiées séparément dès 1939 (respectivement en mai, avril et octobre). D'autres sources suggèrent une date de création du 8 décembre 1938 pour l'Escadrille "de Manœuvre" et du 11 juin 1941 pour son accès au statut d'Escadron (par exemple https://www.rafht.co.uk/index.php/2016/06/24/handling-squadron/ consulté en mai 2023).

[55]   Lettres de février et mars 1939 conservées dans le dossier AIR 2/3978, TNA, pièces 16B à 16F, 17A, 19A et 20A.

[56]   Notes du 5 janvier 1939 du Capitaine F. Wilkinson, RTP, conservées dans le dossier AIR 2/3978, TNA, pièce 5A.

pour Brakes, Undercarriage, Mixture, Pitch and Flaps) a un succès immédiat auprès des jeunes pilotes, le mot *"bumph"* étant la paperasse en argot de la RAF, et faire des "circuits and bumps" était le nom de l'époque des exercices de "posé-décollé" (ou "touch and go").

Une Escadrille (puis un Escadron) dédiée aux Notes à l'intention des Pilotes

La guerre ayant peu à peu dispersé les officiers instructeurs-"Examinateurs", leurs missions sont reprises par une Escadrille "de Manœuvre" créée spécialement à Boscombe Down, Wiltshire, fin novembre 1940. Des pilotes expérimentés provenant d'Escadrons des différents Commandements de la RAF sont affectés à cette Escadrille pour créer un lien fort avec les unités opérationnelles et recueillir leurs suggestions et récriminations. Cette Escadrille était toujours sous l'autorité de la CFS et ne s'occupait plus que des Notes à l'intention des Pilotes, les missions de conversion et de rafraichissement des Pilotes ayant été renvoyées à la CFS. La base de Boscombe Down avait été choisie car le Centre Expérimental d'essai des Avions et de l'Armement (A&AEE) s'y trouvait depuis septembre 1939, ce qui permettait aux pilotes des deux unités d'échanger leurs impressions sur les nouveaux avions et de gagner du temps pour les essais. En mai 1942, l'Escadrille "de Manœuvre" (Handling Flight) passe au statut d'Escadron, ce qui témoigne de la charge de travail. Il est rattaché à l'A&AEE jusqu'en septembre 1943, date à laquelle il déménage à Hullavington, Wiltshire pour revenir dans le giron de la CFS. La devise de cet Escadron est particulièrement bien choisie : en latin *"Nota Bene"*, soit en français *"Prends bonne note"*.

La rédaction des Notes à l'intention des Pilotes

Pour garder une taille raisonnable aux Notes à l'intention des Pilotes, elles ne contiennent pas, par principe des notions de base qui sont déjà détaillées dans d'autres Publications de l'Air. Ainsi toutes les méthodes de pilotage décrites dans la Partie 1, chapitre III de l'A.P. 129, *"Manuel de Formation au Pilotage"* et dans l'A.P. 2095, *"Notes Générales pour les Pilotes"* sont exclues. Les Notes à l'intention des Pilotes ne reviennent sur ces méthodes de pilotage que si l'avion étudié présente un comportement inhabituel ou demande des précautions particulières (par exemple pour sortir de vrille ou lors de l'accélération du décollage).

La taille des Notes à l'intention des Pilotes varie de 20 - 30 pages pour un avion monomoteur simple (chasseur ou avion d'écolage) à plus de 50 pages pour un quadrimoteur.

Avec la création du Ministère de la Production Aéronautique en mai 1940, la rédaction et la publication des Notes à l'intention des Pilotes deviennent la responsabilité conjointe de ce Ministère et de l'Escadrille "de Manœuvre". Ceci explique que ces Notes sont publiées pendant la guerre :

- Avant mai 1940 et après avril 1943, sous la signature de Sir Arthur W. Street, Sous-Secrétaire d'État Permanent du Ministère de l'Air et Secrétaire du Conseil de l'Air. [57]
- Entre mai 1940 et avril 1943 avec également la signature de Sir Archibald Rowlands, Secrétaire Permanent du Ministère de la Production Aéronautique.

Le Ministère de l'Air publie également, avant la mise en service d'un nouveau type d'avion, des Notes Provisoires à l'intention des Pilotes. Les avions d'écolage élémentaire ne bénéficiaient pas de Notes à l'intention des Pilotes. [58]

Comme toujours, il y a des exceptions à ces règles générales, la plus importante concernant les avions américains utilisés par la RAF.

Les Notes à l'intention des Pilotes pour les avions de la RAF produits par l'Oncle Sam

Les avions Lockheed Hudson et North American Harvard commandés avant-guerre par le Royaume-Uni ont été livrés avec des manuels d'utilisation rédigés par les constructeurs américains. [59] La machine administrative du Ministère de l'Air a ensuite pris le dessus en remplaçant ces documents dans les premières années de la guerre.

Illustration humoristique britannique de 1943 sur l'attrait de certaines documentations d'outre-Atlantique : "...obtenir des plans américains", publiée dans l'A.P.2462A Engineer Publications.

Les avions achetés par la Commission Aéronautique Britannique (BAC), installée à New-York en 1940 sous la direction de Sir Henry Self, bénéficient de Notes à l'intention des Pilotes rédigées par le Squadron Leader Christopher Clarkson qui teste les caractéristiques de chaque modèle et les discute avec les pilotes d'essai des constructeurs américains. Ces Notes, imprimées aux USA, sont diffusées avec l'avertissement suivant ajouté lors de leur distribution au Royaume-Uni : *"ATTENTION – RECTIFICATIFS : Cette Publication de l'Air traite de l'avion tel qu'il a été expédié des USA. Elle n'a pas encore été corrigée pour prendre en compte les modifications qui ont pu être effectuées suite à son arrivée ici. Il est possible que des Ordres du Ministère de l'Air et d'autres Publications de l'Air puissent comporter des informations applicables plus récentes que la présente Publication de l'Air. Ces documents doivent donc être considérés comme faisant foi et peuvent se distinguer*

---

[57] Un de ses fils a été fusillé par les Allemands en 1944 après la « grande évasion » du Stalag Luft III. 76 aviateurs s'étaient échappés, 73 ont été repris et 50 fusillés.

[58] Article *"What are Pilot's Notes"*, pages 260-261 du journal mensuel de formation de la RAF *"Tee Emm"* Volume 4, n°11 de février 1945.

[59] Notes n°9 et 10 des 6 et 13 janvier 1939 du Directeur de la Formation du Ministère de l'Air, l'Air Commodore Wilfred A. McClaughry, conservées en en-tête du dossier AIR 2/3978, TNA.

par le fait que le présent avertissement n'y apparaît plus." Dans bien des cas, ces Notes de la BAC ont disparu sans laisser de trace puisqu'elles étaient assez rapidement remplacées par des Notes à l'intention des Pilotes publiées par le Ministère de la Production Aéronautique.

Sous la pression du temps de guerre, les Britanniques ont parfois adopté directement des manuels Américains et ont simplement ajouté une page de couverture avec un numéro spécifique d'A.P. (par exemple, la première version de l'A.P. 2341A relative au B25 Mitchell I a adopté l'Ordre Technique (T.O.) 01-60GA-1 américain). Dans ce cas, un avertissement dans la même veine que celui utilisé pour les Notes à l'intention des Pilotes rédigées par la BAC est placé en avant-propos, précisant notamment que *"ces Ordres n'ont aucunement été révisés pour éliminer les informations qui ne s'appliquent pas au sein de la RAF."* La Publication de l'Air 2150A *"American Publications : Explanatory Notes, Numerical and Alphabetical Indexes"* liste les T.O. qui sont applicables au sein de la RAF, que ce soit pour le pilotage ou pour l'entretien des matériels aéronautiques. Cette pratique a été facilitée par la prise en compte progressive des besoins britanniques dans la rédaction des T.O. américains. [60]

On voit d'abord apparaître dans les titres des T.O. de petites mentions entre parenthèses indiquant l'applicabilité aux avions livrés à la RAF, par exemple le titre du T.O. n°01-50AB-1 de juillet 1942 pour le Modèle A-31 (V-72) comporte la mention *"Identique à l'avion Britannique Vengeance I"*. Quelques mois plus tard, ces mentions ont atteint la même taille que la désignation américaine, et le numéro de Publication de l'Air britannique est écrit juste en dessous de la référence du T.O. L'avant-propos indique également que ces T.O. - AP sont publiés sous l'autorité conjointe de l'USAAF et du Conseil de l'Air britannique, et un glossaire en annexe permet de "traduire" les termes américains et anglais britannique (par exemple, l'essence se dit "gasoline" en anglais d'Amérique du Nord, et est appelée "petrol" en Angleterre). En 1944, on trouve même des illustrations d'avions avec des cocardes britanniques dans les T.O. américains comme illustré ci-dessous.

Le Martin Baltimore est un cas particulier puisqu'il s'agit probablement du seul avion américain pour lequel existe des *"Pilot's Flight Operating Instructions"* qui portent la mention AP2017A à E mais aucune référence de T.O., ce qui s'explique par le fait que cet avion n'a pas été utilisé par l'USAAF.

Figure 1 du T.O. américain n°01-50KA-1 de l'AT-19 Reliant, publié en 1944. Notez les cocardes britanniques.

---

[60] Le Group Captain Clarkson, AFC, dans son témoignage de 1971 *"Pilots notes & development flying of US aircraft : 1940-45"* conservé sous la référence 13955, IWM, mentionne un *"Sous-Comité de standardisation des Notes à l'intention des Pilotes"* mais aucune trace de ses travaux n'a été encore mise au jour dans les archives (peut-être parmi les centaines de références conservées sur la BAC ?).

La réorganisation des Notes à l'intention des Pilotes

Très vite, les Notes à l'intention des Pilotes sont victimes de leur succès et d'un souci de vouloir trop détailler les divers cas d'urgence et les procédures qu'il aurait fallu suivre lors d'incidents particuliers. La publication de multiples rectificatifs entraîne une "crise d'obésité" de certains manuels.

Pour que les rectificatifs soient plus facilement gérés, une note est ajoutée à partir de septembre 1941 à toutes les listes de révision pour les Notes à l'intention des Pilotes afin d'indiquer quelle était la dernière liste de révisions applicable, ce qui permettait de vérifier qu'aucune mise à jour n'avait été manquée. Plus tard, le détail des listes de révisions applicables a été noté sur la page de garde de chaque mise à jour.

Vers la fin 1941, un premier exercice de simplification et de rationalisation des Notes à l'intention des Pilotes est effectué, le but principal étant de revenir à l'essentiel. Ainsi, la section 2 des Notes à l'intention des Pilotes de Bristol Beaufort (A.P. 1580A) subit une diète sévère lorsque la révision n°31 de janvier 1942 remplace celle de janvier 1941 en passant de 45 à 21 paragraphes.

En septembre 1942, il est décidé de réorganiser les sections et le format des Notes à l'intention des Pilotes. Les différences entre ancien et nouveau formats sont résumées ci-après :

Avant septembre 1942	Après septembre 1942
<u>Introduction</u>, suivie de : <u>Deux Sections</u> : 1. Commandes et équipements pour le pilote, et sorties et équipements généraux de secours 2. Notes pour le pilote pour la manœuvre et le pilotage	<u>Cinq ou six Parties</u> : 1. Description 2. Pilotage 3. Caractéristiques de fonctionnement 4. Situations d'Urgence 5. Caractéristiques et Instructions pour le Mécanicien Navigant *(si approprié)* 5. (ou 6.) Illustrations
Ces Sections sont publiées dans le manuel de Maintenance (Volume I) et séparément sous forme de Notes à l'intention des Pilotes	Ces Parties ne sont plus publiées dans le manuel de Maintenance (Volume I)
Imprimées sur feuilles volantes, perforées pour mise en classeur	Imprimées sous forme de livrets de poche reliés par pliage et agrafage
Pas de numérotation recto-verso des pages (uniquement des paragraphes et des feuilles)	Pages numérotées recto-verso
Révisées par réimpression des feuilles à changer	Révisées par paragraphes sur papier gommé
Couverture orange sans dessin	Couverture bleue avec silhouette

Les Notes à l'intention des Pilotes pour le Lancaster I, seconde édition, sont les premières à suivre ce nouveau format en décembre 1942 (mais il n'y a pas encore de section 5 pour le Mécanicien Navigant, cette section étant introduite plus tard).

En mars 1943, à cause de la complexité croissante des avions, il est également décidé d'inclure de véritables checklists pour compléter les abréviations mnémotechniques pour les actions vitales. Le journal mensuel de formation *"Tee Emm"* [61] illustre ce choix par la nécessité de clarifier ce qui se cache derrière chaque lettre des abréviations mnémotechniques : en effet, si sur le Tiger Moth, la lettre F (Fuel = carburant) amène le pilote à vérifier la position de l'unique robinet du carburant et le contenu de l'unique réservoir, sa signification est plus obscure sur un Mosquito ou un Liberator : s'agit-il des robinets principaux, du robinet d'équilibrage, des pompes de gavage, de la pression du carburant, du contenu des différents réservoirs ? Même si *"Tee Emm"* suggère de recopier ces checklists pour les avoir dans le poste de pilotage, elles ne seront publiées sous forme séparée qu'après-guerre (souvent une double page noire avec lettres blanches au milieu des Notes à l'intention des Pilotes, ou plus tard sur la quatrième de couverture).

De façon générale, les Notes à l'intention des Pilotes sont écrites de façon relativement neutre ou atténuée. Le pilote du Bomber Command Jack Currie interprète avec humour le passage indiquant que le Mosquito a une *"tendance à l'embardée à l'atterrissage"* par *"Fais bien gaffe Jack, ou ton atterrissage va finir par des cercles de diamètre de plus en plus réduit et un gros tas de balsa en miettes"*, soulignant que les rédacteurs des Notes à l'intention des Pilotes étaient fortement adeptes des euphémismes. [62]

Les Escadrons sont informés toutes les semaines des nouvelles éditions des Notes à l'intention des Pilotes par les Ordres du Ministère de l'Air, catégorie N (ordres temporaires). Une fois par mois, les nouvelles listes des révisions sont également résumées dans ces Ordres (et aussi dans le journal *"Tee Emm"*). [63] Les Pilotes rigoureux devaient tenir à jour leurs exemplaires et éventuellement rédiger des résumés personnalisés en fonction de leurs besoins particuliers. Ainsi, Eric Brown, pilote d'essai de l'Aéronavale britannique, indique comment il avait adopté très tôt la pratique de faire des fiches rassemblant les actions vitales pour décoller, atterrir et les urgences. Brown pilotait parfois huit avions différents dans la même journée, quasiment tous avec des modifications ou des prototypes pour lesquels il n'existait pas de Notes à l'intention des pilotes et il estime que ce système de fiches a contribué grandement à le garder en vie. [64]

---

[61]   Article de mars 1943 *"Abracadabra"*, pages 286-287 du journal mensuel de formation de la RAF "Tee Emm" Volume 2, n°12.

[62]   Pages 158-159 du livre *"Mosquito Victory"*, de Jack Currie, ISIS Publishing, 2008, ISBN 9780753195161.

[63]   Procédure détaillée dans la note de service de l'Air Defence of Great Britain *"Pilot Notes status report ADGB"* du 9 mars 1944, conservée dans le dossier AIR 51/364, TNA.

[64]   Page 70 de son livre *"Wings on my sleeve"*, Weidenfeld & Nicolson, 2007, ISBN 978-0753822098.

Preuve que les Notes à l'intention des Pilotes sont une pièce maîtresse pour assurer la sécurité des équipages et des appareils, la RAF et le Ministère de la Production Aéronautique en développeront même pour au moins cinq avions allemands capturés. Le Canada, l'Australie, la Nouvelle-Zélande et la Rhodésie du Sud (actuel Zimbabwe) ont également produit des Notes à l'intention des Pilotes en suivant (de façon plus ou moins fidèle) le modèle britannique.

Les Notes à l'intention des Pilotes étaient également complétées par une myriade de procédures, de formulaires, de manuels de formation, de posters et de films éducatifs sur des sujets variant de l'usage des pigeons voyageurs, du réveil aux trompettes, de la navigation aérienne, de la malaria au bon emploi des armes de bord ou des dispositions à prendre pour des funérailles. Ces publications sont listées en détail par l'Air Publication 113 *"List of RAF Forms, Publications, Diagrams and Air Ministry Pamphlets"*. Mi-1945, il y avait plus d'une centaine de pamphlets officiels de formation.

Évolution des Notes à l'intention des Pilotes après-guerre

À partir de novembre 1947, les Notes à l'intention des Pilotes incluent une copie des checklists pour les différentes phases critiques (vérification pré-vol, décollage, atterrissage, etc.) sur une double-page placée au centre du manuel en lettres blanches sur fond noir. [65] Plus tard, ce concentré des checklists essentielles a été déplacé sur la quatrième de couverture pour un accès plus rapide.

Dans la deuxième moitié des années cinquante, la complexité des systèmes embarqués (missiles, radar, contre-mesures électroniques, siège éjectable, etc.) devient telle que les Notes à l'intention des Pilotes reviennent à la formule du classeur (de petite taille pour les chasseurs, grande taille pour les bombardiers), arrangé en sections :

1. Description et gestion des systèmes (électrique, carburant, hydraulique, instruments, oxygène, radio, etc.).
2. Limites (structurelles et moteurs).
3. Pilotage.
4. Procédures d'urgence.
5. Données opérationnelles.
6. Illustrations.

Ces manuels quittent donc le format de livret de poche pour devenir de véritables encyclopédies. À titre d'exemple, les Notes de 1962 à l'intention des Pilotes du Folland Gnat T Mk. 1, qui n'est qu'un avion de formation, dépassent les deux cents pages.

Dans les années soixante, pour un accès plus rapide, les checklists sont séparées des Notes à l'intention des Pilotes sous forme de *"Flight Reference Cards"*. Les Notes à l'intention des Pilotes changent d'intitulé pour devenir des Manuels pour l'Équipage (*Aircrew Manuals ou Aircrew Publications*).

---

[65] Le premier avion qui semble avoir bénéficié de ces check-lists essentielles est le Vickers Viking C.2 (révision 1 des Notes à l'intention des Pilotes).

L'Escadron "de Manœuvre" de la RAF existe encore aujourd'hui (sous l'appellation de *Defence Aircrew Publications Squadron*) et il est toujours en charge de déterminer les techniques les plus appropriées pour chaque type d'appareil et leur diffusion aux utilisateurs, mais il ne dispose plus d'aucun avion depuis 1976.

À titre de comparaison rapide, les instructions de convoyage et les manuels américains, français et allemands sont décrits sommairement ci-après.

Les Notes à l'intention des Pilotes de l'Air Transport Auxiliary

En 1938, sur une proposition de Gérard d'Erlanger, un des Directeurs de British Airways Ltd., l'Air Transport Auxiliary (ATA) a été créé. Cette nouvelle organisation avait initialement pour but d'assurer des vols de transport du courrier ou de liaison par des pilotes civils afin de décharger la RAF de ces tâches. Au début de la guerre, l'administration de l'ATA est passée de British Airways à la RAF avec également la prise en charge du convoyage des petits avions d'écolage, par exemple de l'usine de fabrication vers l'unité de maintenance responsable du montage des armes de bord. L'École Centrale de Pilotage a donc été chargée de la conversion des premiers pilotes civils de l'ATA. L'ouverture des hostilités à grande échelle en mai 1940 a rapidement fait glisser aux oubliettes la limitation aux petits avions d'écolage : les pilotes de l'ATA (hommes ou femmes) se sont retrouvés aux commandes de bombardiers bi- puis quadrimoteurs ou des chasseurs les plus performants, y compris les Gloster Meteor à réaction en 1945.

Pour permettre à ces pilotes de voler sur des avions qu'ils n'avaient parfois jamais vus auparavant, le Service Technique de l'ATA a condensé les Notes à l'intention des Pilotes de la RAF (y compris celles rédigées par la BAC) en retirant tout ce qui n'était pas utile pour un vol de convoyage (sections concernant l'armement, la voltige, le vol à la puissance maximale, etc.). Ce Service a publié des Notes de Manœuvre de l'ATA (ATA Handling Notes) sous forme de petit livrets (environ 16,5 x 20 cm) de 20 à 40 pages (voir exemple page suivante). Chacun se distinguait aussi des Notes de la RAF en couvrant beaucoup plus de versions différentes d'un même avion et en indiquant comment piloter l'avion seul, ou s'il fallait impérativement une seconde personne à bord, par exemple pour manœuvrer le mécanisme de descente de secours du train d'atterrissage en cas de panne (cas du bombardier Whitley). Tous ces livrets suivaient la même présentation et les checklists étaient standardisées : il y avait par exemple une seule façon pour l'ATA de mettre une hélice en drapeau, quel que soit le modèle d'avion, alors que ce n'était pas le cas dans les Notes à l'intention des Pilotes de la RAF.

Non content d'avoir effectué cet effort énorme de rédaction, le Service Technique de l'ATA a également produit des fiches cartonnées de taille réduite (environ 10,5 x 15 cm). Ces fiches, regroupées au sein d'un petit classeur de poche *"Notes pour les Pilotes de Convoyage"* (Ferry Pilot's Notes), reprenaient les éléments essentiels suivants, sur une seule face pour les avions simples, sur une page recto-verso pour les plus complexes :

1. <u>Description</u> : Moteurs. Hélices. Opération du train d'atterrissage (méthode normale, de réserve et de secours). Volets hypersustentateurs (méthode normale, de réserve et de secours). Volets de refroidissement des moteurs. Réservoirs. Démarrage.

2. <u>Caractéristiques de vol</u> : Décollage. Montée. Vol de croisière pour le convoyage. Vol sur un seul moteur. Vitesses de décrochage. Approche et atterrissage.

3. <u>Notes</u>

   Volant à vue, souvent sans radio, et sans formation au pilotage sans visibilité malgré les mauvaises conditions météo régnant souvent sur la Grande-Bretagne, les pilotes de l'ATA ont effectué plus de 300.000 convoyages pendant la guerre. [66]

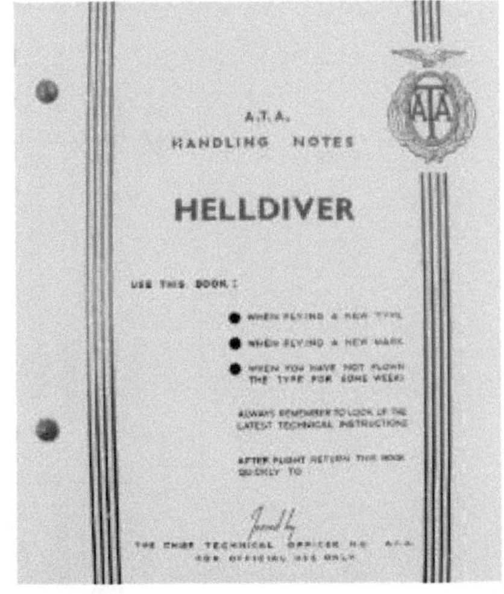

Notes de manœuvre de l'ATA pour le Curtiss Helldiver SBW-1B

Les manuels américains

De façon similaire aux A.P. britanniques, les équipements faisant l'objet d'un Technical Order (T.O.) peuvent être les avions, les moteurs, les procédures spéciales (en cas d'incendie en vol, après une panne de moteur, etc.), les équipements de bord (systèmes hydrauliques, instruments, tourelles d'armement, hélices à pas variable, etc.). Les premiers T.O. sont apparus en 1919.

Ces manuels sont généralement composés de quatre T.O. divisés de la façon suivante :

- T.O. 1 : instructions d'utilisation et de pilotage.
- T.O. 2 : instructions pour l'inspection et la maintenance courante.
- T.O. 3 : instructions pour la révision complète.
- T.O. 4 : catalogue des pièces de rechanges.

Les manuels techniques d'un appareil sont souvent complétés par un manuel de formation à l'intention des pilotes et équipages (par exemple le P-38, le P-40, le P-47, le P-51, le P-61, le B-17, le B-24, le B-25, le A-26, le B-26, le B-29, le C-46 et même le planeur CG-4A, en bénéficient).

---

[66] Chiffre donné dans l'article *"Any aircraft, anywhere"*, pages 45-46 du magazine Flight du 12 juillet 1945.

La structure documentaire des Technical Orders pour un avion est représentée ci-dessous :

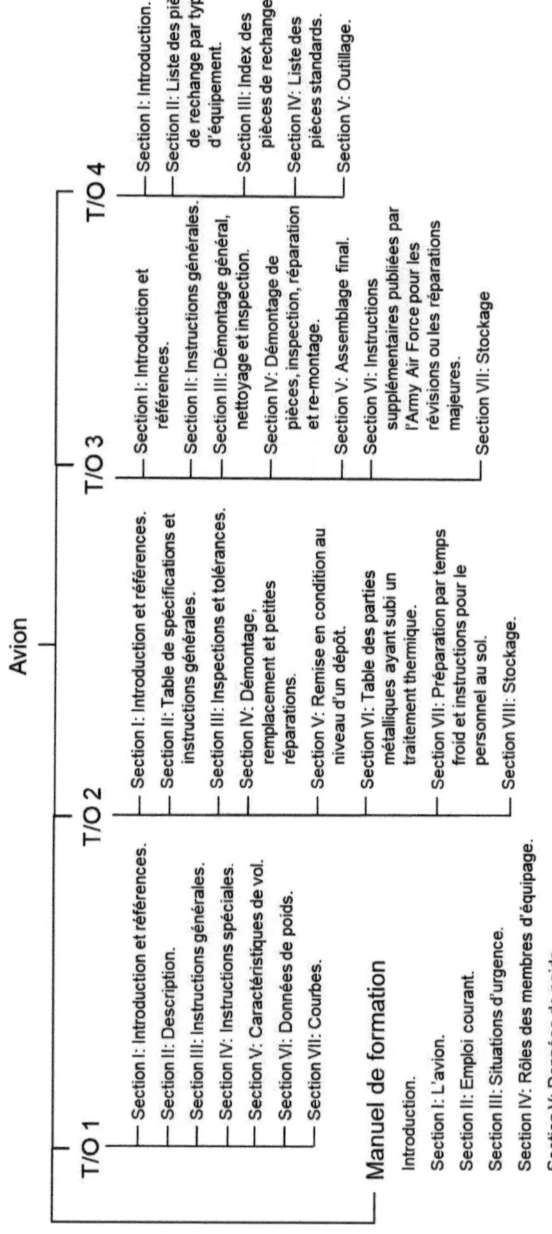

Les manuels français

À la fin des années trente, chaque appareil, moteur ou équipement important disposait normalement d'une *"Notice d'entretien et de réparation"* ou d'une *"Notice technique"*, et d'une *"Notice descriptive et d'utilisation"*. Cette dernière est parfois divisée en deux autres notices de la façon suivante :

Notice sommaire générale :	Notice de manœuvre :

Description de l'avion
Instructions générales
Instructions spéciales
Annexes :
    Photos du poste de pilotage
    Schémas des circuits
    principaux (essence, huile,
    hydraulique)
	Chargements, Performances et Manœuvres
	Préparation et Exécution des missions
	Conditions d'Emploi et Procédés de Combat
	Annexes :
	    Courbe de montée
	    Courbe de traction

Pendant la guerre, quelques manuels britanniques ont été traduits par des aviateurs ou des marins français, notamment : [67]

- Notes pour les Pilotes d'avions Wellington III (AP1578C et K).
- Notes pour le Pilote et le Mécanicien Navigant de l'avion Halifax II et V (AP1719B et E).
- Notes générales pour les Pilotes (AP2095).
- Code des Forces Aériennes (AP1927).
- Viseur de bombardement Mk XIV (AP1730A, Volumes I et II).
- Tourelle Boulton Paul (AP1659C, Volume I).

On notera que les techniques mnémotechniques initiées par les checklists britanniques ont trouvé leurs équivalents en français, par exemple :

- FTMPVEH = *"Fais Ton Métier Pour Vivre Enfin Heureux"* : Freins, Train, Moteur, Pas d'hélice, Volets hypersustentateurs, Essence, Huile. Développé par les écoles françaises de pilotage avancé sur North American T-6 Texan. [68]
- TVBCR = *"Tout Va Bien, Ça Roule"* : Train, Volets, Ballasts, Compensateurs, Radio. Utilisé pour la prise de terrain en planeur.

Après-guerre, les manuels français ont été fortement influencés par les A.P. britanniques (et dans une moindre mesure les T.O. américains), l'Armée de l'Air utilisant beaucoup de traductions intégrales des documents anglo-saxons. Ainsi, les documents suivants sont quelques exemples de traduction des manuels britanniques ou américains, effectuées soit par les écoles de l'Armée de l'Air pour

---

[67]   Les Français Libres n'ont pas été les seuls exilés à traduire des manuels britanniques : les Polonais ont fait de même et certains de ces manuels sont encore conservés par les Archives britanniques sous les références AIR 10/3948 à AIR 10/3552, TNA.

[68]   Cité page 38 de la revue *Fana de l'Aviation* n°424.

l'instruction des personnels, soit par le Service de Documentation et d'Information Technique de l'Aéronautique pour le Service du Matériel :

Document original	Version française
T.O. 30.100D.1 de juin 1943 - Instrument Flying : Techniques in Weather	Manuel sur la météorologie et le vol aux instruments, probablement 1945-46
A.P. 1732A de juin 1944 - Instructors Handbook of Elementary Flying Training	Manuel du Moniteur, édition de 1945
A.P. 1275B Volume I - Navigation instruments	Notice sur les instruments de navigation - juillet 1945
A.P. 2556A Volume I - Gee MK II - Manual of Instruction	Notice sur les appareils "Radar" de Navigation - Fascicule II : 'Le GEE' Manuel d'utilisation" - octobre 1945
A.P. 4099A - P.N. - Pilot's Notes for Vampire F1 Goblin I or II Engine	Manuel du Pilote des avions Vampire F 1, édition de décembre 1948
A.P. 4099A - Volume I - Vampire F MK.1 Aircraft	Notice Technique pour avion Vampire F MK 1, description et utilisation, édition de mai 1949

Cependant, les manuels français se sont rapidement épaissis, même pour les avions d'origine anglo-américaine, suivant ainsi la tendance imposée par l'industrie aéronautique nationale renaissante. Par exemple, le "*Manuel du Pilote de l'avion Mistral V*" de janvier 1954 dépasse allégrement les cent pages, alors que les Notes à l'intention des Pilotes de l'équivalent britannique, le Vampire FB5 & FB9, ne couvrent qu'une cinquantaine de pages.

Couverture des Notes pour les Pilotes et Mécaniciens de Halifax II et V, publiées en français pour l'instruction des équipages des Groupes de Bombardement II/23 Guyenne (Squadron 347) et I/25 Tunisie (Squadron 346)

Les manuels allemands

Ils étaient généralement composés de treize sections suivant le schéma ci-dessous, chaque section étant souvent diffusée séparément :

0	Informations générales et notes pour le pilote		9A	Équipement général
1	Composants et assemblage du fuselage		9B	Équipement électrique
2	Composants et assemblage du train d'atterrissage		9C	Équipement hydraulique
3	Composants et assemblage de la queue		9D	Équipement radio-radar
4	Composants et assemblage des commandes de vol		9E	Équipement photographique
5	Composants et assemblage des ailes		9F	Outils spéciaux
6	Composants et assemblage du moteur		10	Transport et récupération après atterrissage
7	Instruments de vol et circuits carburant		11	Manuel de réparation (cellule)
8 *	Armement et blindage (chasseurs et chasseurs-bombardiers)		12 *	Armement et réservoirs supplémentaires (bombardiers)

** Section décomposée en sous-sections par type d'arme.*

Page de couverture du manuel du Ju 88 S-1 de 1944

Notes pour les collectionneurs

Il est assez facile de constituer une collection de Notes à l'intention des Pilotes, les plus communes ayant été diffusées à des milliers d'exemplaires et on en trouve régulièrement en vente. Certains éditeurs britanniques et américains ont publié des reproductions de type "fac-similé" de bonne qualité depuis des décennies, ou sous forme de livres (par exemple les éditions Sapphire, Air Data, Crécy, Periscope Film LLC, Arms And Armour Press, Amberley). Il est d'ailleurs parfois difficile de distinguer un document original d'un fac-similé ayant un peu "bourlingué". Les documents originaux se démarquent par l'absence de marque d'un éditeur, la présence de rectificatifs collés sur certains paragraphes, et souvent, hélas, un prix élevé !

BIBLIOGRAPHIE SOMMAIRE - TIGER MOTH

BRAMSON, Alan. **The Tiger Moth story**. Goodall. 2020. ISBN 978-1910809440.

JACKSON, A. J.. **De Havilland aircraft since 1909**. Putnam Aeronautical. 1987. ISBN 978-0851778020.

JENKS, Cliff et PHILLIPS, David. **New Zealand Tiger Moths : 1938 to 2000**. Aviation Historical Society of NZ. 2000. ISBN 978-0473070656.

MCKAY, Stuart. **Tiger ! The de Havilland Tiger Moth**. Crecy Publishing. 2014. ISBN 978-0859791823. *La référence pour tout savoir sur les Tiger Moth.*

SLATER, Stephen. **De Havilland Tiger Moth manual : 1931 - 1945 (all Marks)**. Haynes. 2015. ISBN 978-0857338365.

STURTIVANT, Ray. **The history of British military training aircraft**. Foulis & Co. 1987. ISBN 978-0854295791. *Un très bon livre.*

QUELQUES TITRES DE CETTE SÉRIE

Utilisation principale	Avion
Formation	Tiger Moth II ; Harvard III (AT-6)
Chasseur et **chasseur-bombardier**	Spitfire I ; Spitfire F.IX, PR.XI & LFXVI Mosquito FII, NF: XII, XIII, XVII & XIX Havoc II (A-20) ; Typhoon IAB Airacobra I (P-39) ; Mohawk IV (P-36) Tomahawk I & II (P-40) ; Thunderbolt I & II (P-47) ; Beaufigther VI, TFX & TFXI Hurricane I et Sea Hurricane I ; Mustang III & IV (P-51) ; Meteor III ; Vampire F1
Bombardement	Lancaster I, III, X ; Halifax II & V Mitchell II (B-25) Fortress GRIIA, GRII & III, BII &III (B-17)
Planeur de combat ou **transport de parachutistes**	Dakota I, III & IV (C-47) ; Hadrian I (CG-4A) ; Hamilcar I ; Horsa I & II
Aéronavale et **surveillance maritime**	Corsair I à IV (F4U, F3A & FG-1) Hellcat I & II (F6F) ; Swordfish I à IV Martlet II & III (F4F Wildcat) ; Avenger I, II & III (TBF & TBM) ; Catalina I, IB, II & IV (PBY) ; Wellington III & X
Missions secrètes	Lysander III & IIIA